カウンセリングの治療ポイント

平井孝男

Hirai Takao

創元社

まえがき

筆者は、精神科医になって三一年、臨床心理士の資格を得て一五年経っていますが、その間、一貫して「どうしたら治るのか？」「治るものを促進するものは何なのか？」といったことに関心を持ってきました。

すなわち、「治癒要因」を探求していたということですが、このような治療への関心は、自然と筆者をカウンセリングの方向に導いてくれました。そして、カウンセリングの基本である、傾聴・受容・共感・理解といった営みは、患者の治療をずいぶんと促進してくれ、筆者は「カウンセリング的対応は、精神医学的治療はもちろん、一般医療の根本である」と考えるようになってきたのです。

ただ、難しいクライエントや患者も結構いて、「なぜ彼らは治りにくいのか？」「治るものを妨害しているものは何なのか？」といったこと、特に治療妨害因子や抵抗のことに関しても同じくらい関心を持ち続けていました。

これらに関してはいろいろな角度から考えを重ね、またこれまで出会った患者やクライエントの方からも多くの知恵をいただいてきました。その結果、上記の問いに関する「完璧な答え」には到達できませんでしたが、さまざまなことを学ばせてもらいました。

特に、臨床心理士の資格をとって本格的に心理療法やカウンセリングに取り組むようになってからは、多くの治療的発見がありました。それらの結果は、すでに今までの三冊の治療ポイントシリーズ（「心の病い」[1]「境界例」[2]「うつ病」[3]）となって現れているのですが、三冊目刊行の後、今度は特にカウンセリングや心理療法という観点から、治療促進要因や治療妨害要因を考えてみたいと思うようになってきたのです。

それとともに、以前から抱いていたある疑問についても、この機会に掘り下げてみようと思っていました。その疑問というのは、従来のカウンセリングでは「クライエントの話を熱心に傾聴し、クライエントに対し受容・共感する気持ちで接していると、クライエントは自然と自己理解を深め、自己成長を遂げていく」とされる一方で、実際の臨床場面ではそうならないことが多く[4]、「果たして、傾聴・受容・共感といったカウンセリングの基本的営みの意味は何なのだろうか？」といったものでした。

そこで、この機会に、一度カウンセリングや心理療法で重要と思われている概念を、現実のクライエントや患者の治療という観点から、徹底的に検討してみようと思ったのです。もう少し思い切ったことを言うと、この機会に、傾聴・受容・共感・理解といったカウンセリングの基本的営みを、真に治療的なもの、役立つものとして、生き返らせたかったという願いがあったということです。

これらのことを踏まえて検討を進めていくと、それだけに留まらず、治療抵抗や、カウンセリングのもう一方の重要な営みである明確化・直面化・解釈・構造化・保証・指示といったものも掘り下げたくなり、さらにはより広い領域、つまり病名告知、夢、薬、リラクセーション、治療者間の連携の問題、家族との関わりといったところにまで触れることになりました。

そして、終章では、カウンセリングが、悩める国民のために役に立って欲しいという思いを込めて、「望ましいカウンセラー像」についても述べました。

以上、カウンセリングにおける基本的営みの検討から入って、カウンセリング、心理療法、精神医療における治療促進要因を徹底的に掘り下げ、役立つカウンセリングや援助活動がどうしたらできるようになるかというところに焦点を絞って記述したのが、本書の内容です。ただし、治療促進要因について述べるために、最初は「治癒とは何か」という問題からはじめています。

この本が出来上がった経緯をもう少し詳しく述べます。筆者は上記のように、治療促進要因と妨害要因について考えており、その関連で三冊書かせていただいたと述べましたが、三冊目の『うつ病の治療ポイント』の刊行以後、本格的にカウンセリングというものを、治療的視点から、上記のように見直してみたいという気持ちが胸の中にこみ上げてきたのです。

ちょうどそのころ、ユングの共時性（意味ある偶然の一致、心の動きと現実の出来事の一致）ではないのですが、大阪府臨床心理士会の研修担当を命ぜられることになりました。研修の責任者は、シンポジウムのテーマを決めねばなりませんが、その時、筆者が「カウンセリングにおける治療促進要因と妨害要因」という提案をして、何人かの仲間に諮《はか》ってみたところ、かなりの賛意が得られたので、「心理的援助における促進要因と妨害要因」というテーマでシンポジウムを行うことになったのです。

筆者もシンポジウム参加者の一人として発表の機会を与えられ、「治癒と治療促進要因——役立つカウンセリングを目指して」というテーマで話すことになりました。発表のための資料作りをしているうちに、いつもの筆者の癖で、次第にその資料が膨らんできました。

その後、その資料を同僚の臨床心理士の先生方に読んでもらったところ、「ぜひ、各大学の心理学の必修テキストにすべきだ」とお誉めの言葉をいただきました。

筆者自身も、従来のカウンセリングの教科書では、境界例や人格障害や精神病といった重いケースはもちろん、軽いケースであっても、やや不十分な対応しかできないのではと危惧していました。特に、うつ病、種々の神経症、精神病はもとより、不登校、不就労、引きこもり、摂食障害、解離性障害、発達障害、適応障害、対人恐怖、強迫性障害、家族関係トラブルといった問題への取り組みは、従来の非指示的な傾聴・受容・共感路線だけでは無理だということを痛感していました。

そうした経緯で、現実の事例に即した役立つカウンセリングを目指して、形あるものにまとめたほうがいいと思い、加筆訂正するなどして本書が出来上がったという次第です。

読者のために、本書の主旨を箇条書きしておきます。

①まずは、カウンセリングや治療の目標である、治癒や成長などについて記した。
②続いて治療促進要因と妨害要因について記した。
③本書の中核である、カウンセリングにとっての基本的営み（傾聴・受容・共感など）について、治療的観点から検討を加えた。特に安易な傾聴・受容・共感に危険な面があることを強調した。
④一見、治療妨害要因に見える抵抗や逆抵抗と、それを治療に生かすための工夫について考えた。
⑤基本的営みに関連する、より積極的で能動的なカウンセリング的営み（明確化、直面化、解釈、構造化など）について検討し、できるだけ具体例を挙げた。
⑥より個別の領域（診断・病名告知、薬、夢、リラクセーション、連携）についての治療要因について

述べた。
⑦特に重要な領域である「家族との関わり」は、別章を立てて詳述した。
⑧最後に、悩める国民のために、望ましいカウンセラー像を提言した。

これでわかるように、本書の最大の特色は、従来のカウンセリングの考え方を、実際のケースの治療過程に即して、新たに見直してみる、もう少し言うと、傾聴・受容・共感・理解といった重要なカウンセリングの概念に新たな光を当て、あくまで実際のカウンセリングや治療場面で役に立つものは何かということに焦点を絞った点になるでしょう。そこから言えば、本書は、前著三冊に比べて、少し体系的で理論中心とはいえ、基本的には確実に治療に役立つものを目指した実用書ということになるでしょうか。

第二の特色は、前著同様、事例を豊富に取り入れたことです。すべては事実から出発し真実へと向かいます。本書には基本の事例を一九例ほど入れました。特に家族の章には、四つの事例が相当詳しく記載されていますので、その章だけがいささか膨張し、バランスを欠いたきらいがありますが、その点は、事実と体験を重視したというところに免じてお許しいただきたいと思います。

さて、このような特色を持つ本書のタイトルを何にするかは、ずいぶん迷いましたが、治療ポイントシリーズの姉妹編として、また読者対象が臨床心理士やカウンセラーが中心ということもあって『カウンセリングの治療ポイント』としました。

ただ、本書には上記のタイトルには収まりきれない多くの側面が含まれています。

ここで今一度、本書で主張したいことを別の角度から述べてみたいと思います。

①カウンセリングは、一般悩み相談や神経症レベルのクライエントだけではなく、精神病レベルや人格障害レベルのクライエント・患者にも有効であること。
②精神病の症状と、普通の人間の悩み、弱点とは連続するものであり、程度の差にすぎないこと。質的に違うように見えるのは、量的な程度が強いためであること。
③カウンセリングと心理療法、精神科治療は基本的には変わらないこと。心理療法とは、いささか困難な人（病的程度が強い人）にするカウンセリングであり、カウンセリングとは、ごく一般的で健康人に近い人に対する心理療法であること。
④精神科治療は短いカウンセリング（五分カウンセリングもあり得るし、下手なカウンセラーが一時間行うよりも効果的な場合がある。むろん優秀なカウンセラーなら一時間カウンセリングが有効な場合が圧倒的に多いが）であり、カウンセリングは長い時間をとる精神科治療であること（機械的な精神科医の診察と投薬を一年受けて改善しないクライエントが、一回のカウンセリングで改善することは日常茶飯事）。
⑤カウンセラーが精神病や困難なクライエントのカウンセリングを体験することで、一般の人の心の構造への理解が深まり、ひいては一般相談の向上にも役立つこと（精神病のような困難患者は、通常失われるとは思えない普通の人間の営みが減少していることがあるので、精神病患者と付き合うことで、普段は注意を向けていない普通の人間の営みの構造に気づくことができる）。
⑥「受け身的過ぎるカウンセリング」よりは、介入や解釈や自己開示をもっと自由に取り入れる「積極的カウンセリング」のほうが、クライエントを尊重することになり、クライエントの役に立つこと。

といった点です。

こうした主張はおそらく、前著三冊の中にも流れていた考えですが、今回はカウンセリングや心理療法というものをとりあげて、そのことをもう少し精緻に展開するようにしました。いずれにせよ、今のカウンセリング界の中には、まだまだ遅れている古い考え（「カウンセリングは精神病には効かず、かえって悪化させる」「スクールカウンセラーは、健康な生徒しか扱ってはいけない」など）が根強く、そのためクライエントや患者たちにカウンセリングの恩恵が届かず、またカウンセラー自身が狭い領域の中に留まり、結果としてカウンセリングの進歩を妨げることになっているような気がします。本書がいくらかでもそうした風潮を変え、カウンセリングが国民皆のものになるために少しでも役立つことを祈っています。

なお、本書内で援助者と被援助者をどのように呼ぶかについて、少し悩みましたが、一応次のようにしました。援助者（カウンセラー、臨床心理士、心理療法家、精神分析家、精神科医など）は、まとめてセラピスト（治療者）と呼び、区別する必要のある時だけ、カウンセラー、臨床心理士、精神科医と呼ぶことにしました。被援助者（クライエント、依頼人、患者、病者、病人）は、一応クライエント（心理治療サービスを受けにきているお客様であるから）と呼ぶことにしましたが、適宜（病態が重い場合など）患者という表現も使いました。しかし、これらは本来明確に区別されるものではないでしょう。筆者はこれを適宜使い分けたつもりですが、不適切な点があればご指摘ください。

本書は、カウンセラーや臨床心理士、特にカウンセリングや臨床心理を学ぼうとしている人たちを対象にしていますが、それ以外に精神科医や一般医師、ケースワーカー、看護師など、広く人間に対する援助を仕事にしている方も読者対象として考えています。

また専門家以外の、一般のクライエント・患者や家族の方々にも読んでいただけたらと思っています。カウンセリングや治療は共同作業です。クライエントや家族の方がカウンセリングの重要点を知れば知るほど、お互いの共同作業は前進します。

加えて、人間の心理や人間自身に興味を持つ方にもお勧めします。人間というものがいかにつまずきやすいか、そして、困難や苦悩の底からいかに立ち直る力を持っているか、人間というものがいかに奥深いものであるかが良くわかると思います。重症の境界例であった女性は、治癒した後に「深く苦しめば苦しむほど、人間の真実が見えてきて、本当の優しさがわかってくる」という言葉を、筆者に贈ってくれました。本書は、その意味でクライエントの方々の苦闘の結晶だとも言えます。

最後に、本書は、今までの講演や講義などを集大成したものです。講義の機会を与えてくださった、関西カウンセリングセンター井本恵章理事長、大阪市立大学生活科学部教授松島恭子先生、大阪経済大学人間科学部助教授黒木賢一先生、前大阪大学人間科学部教授柏木哲夫先生に感謝いたします。

また、筆者を三〇年以上にわたって指導してくださっている辻悟先生には、どのような言葉で感謝を述べても足りません。おそらく、本書で述べている重要なことは、ほとんどが辻先生からいただいたもののような気がします。

それから、本書を丹念にチェックしていただき、適切なコメントをいただいた金水和子先生（新大阪カウンセリングセンター）、高垣桃絵先生（関西カウンセリングセンター）、また日ごろから筆者を育てくれている、多くのセラピスト仲間の方々にも感謝いたします。

また治療ポイントシリーズをここまで続けさせていただいた、創元社編集部の渡辺明美さん、今回の編集に関わっていただいた松浦利彦さんにお礼を述べさせていただきます。本作りは、カウンセリングと同じでまさに共同作業ですが、きめこまかい配慮をしていただける編集者に恵まれた幸せを感じております。

なお、事例に関してはプライバシー保護のため、個人を特定できないよう配慮しました。

二〇〇五年七月

平井孝男

◆◆カウンセリングの治療ポイント◆目次◆◆

第三章 カウンセリングにおける基本的営み 47

第五章　治療における個々の営み　109

目次

終章 望ましいカウンセラーを目指して 283

第一章

治癒とは

◆1◆……心の治癒像……◆

(1) 治癒像の曖昧さ

最初に「治る（治癒像）とはどういうことなのか」という、根本的な問題からはじめます。ただ、この問いは相当難しい点を含んでおり、のっけから困難に立たされることになります。

というのは、心の病や心理学的問題に関しては、その治癒やゴールがはっきりしないという面があるからです。身体の病や怪我、たとえば風邪や骨折などは、一応、症状（発熱、咳、啖、下痢など）がなくなるとか、骨がくっつくとか、治癒に関する客観的基準がありますが、心の病の場合にはどうもそれがはっきりしないのです。心の病がどれだけひどいか、逆にどのくらい改善しているかを知らせてくれる数字のようなものは存在しません。また、人によって治癒の概念が違うこともあって、精神・心理系学会や雑誌では、しばしば「心の病の治癒とは何なのか」という特集が組まれています。

ただ、「治癒とは何か」が明確になっていなくても、カウンセリングにせよ、医師の治療にせよ、ケースワークにせよ、専門家の援助活動は、すべて、治癒や治るといった方向を目指します。明確でないからやめるというわけにはいかないのです。目の前に苦しんでいるクライエントがいるのは厳然たる事実だからです。

ところで、この治癒像が明確でないことと関係するのか、「治癒」に似た言葉として、成長、自己実現、癒し、健康回復、解決、救い、修復、（苦の）緩和、といった「治癒的なもの」に相当する多くの表現が存在します。これがまた治癒の概念をややこしく複雑にする一因になっているのですが、いたしかたのないことなのでしょう。

(2) クライエントにとっての切実な問い

本書の根本の目的は、カウンセリングや心理治療がいかにすれば前進し、どうなれば妨害されるか、すなわち「どうすれば治るのか」ということを追求するものですが、肝心の「治癒」という概念そのものが非常な多彩さと曖昧さを示すので、本当に困ってしまいます。

たとえば、臨床やカウンセリングの場では、必ずと言っていいほど「治るんでしょうか?」「いつごろ治りますか?」「どうしたら治りますか?」「将来どうなりますか?」という問いが出てきます。これは、クライエント・患者や家族がいちばん知りたがっている質問なのですが、そうした質問に答えるのは、治癒像そのものが不明確だということもあって、大変難しく、むしろセラピスト自身がいちばん知りたいところです。[5]

多分この治癒像の多様さと不明確さはこれからも続くのでしょうが、この曖昧さは、病気と健康の区別が不鮮明であることや、病状、病名、原因の多彩さ、複雑さと関連しているのでしょう。

◆2◆……治癒像の実例……◆

ただ、いくら不明確だといっても、治癒状態に対してある程度の目安がないと、治療そのものが進まないと思われますので、試みにいくつかの治癒像を挙げてみることにします。

(1) 治療精神医学から見た治癒像

まず、筆者の師である辻悟先生が創始した治療精神医学の観点から、三つの治癒像を挙げます。これは、治療精神医学の三原則と呼ばれています。[(6)]

〈第一原則〉自分の体験に、自分が人間であること、あるいはあり得ることの証を見られる状態

病者は、自分の体験を異常と考え、自分自身を異常な人間になったという異常意識・脱落意識を抱きやすいので、こうした意識からの脱却が、一つの治癒状態なのである。病者の体験している幻聴や妄想は、結局のところ、人間的弱点の積み重なりである。つまり、幻聴や妄想体験は、人間であるから生じるのである。

〈第二原則〉普通の人間であり得るための自己検討力を手に入れている状態

病気の状態では、この人間であるための最低必要条件である思考・検討能力が低下している。

〈第三原則〉必要な決心と実行を手に入れている状態

病的に追い詰められている状態では、こうした決断や実行ができない状態になっている。

この三原則、つまり、普通意識の回復（脱落意識からの脱却）、自己検討、自己決断は、人間にとってはなくてはならないもので、辻先生がこれを強調なさったのは、先生自身が主に精神病（特に統合失調症）の領域での治療経験が大きかったからだと思われます。というのは、精神病レベルまで、主体の営みが後退すると、「自分は気が狂った。普通の人間でなくなった。自分は異常になった。周り

から、気違い扱いされる。普通の人間と思われない」という気持ちを持たされてしまうことが多いからで、治療的視点からすれば、その点が主要な手当になるわけです。

(2) 苦を受け止められている状態[(1)(2)(3)]

これは、筆者の考える治癒像の一つですが、筆者は、健康と病気の差は心の病において存在するのだろうかといつも考えていました。到達した結論は、厳密な差はなく、程度問題にすぎないといったことです。つまり、健康状態である場合は、「心の病」状態の場合と比べて、苦悩（不安、葛藤、不満、悲しみ、怒りなどのつらい心理的状態）や困難を受け止められているということです（厳密に言えば受け止められている程度がより強いということです）。

この、受け止められているというのは、①苦悩や不安は、人間である以上、あって当然と考える、②苦悩を持ちながらでも日常生活や対人関係を営める、③不眠や食欲不振などの身体症状を来さず、身体的健康を保てる、④苦悩の原因が理解できている、⑤それに対する対策、見通しもある程度ついている、⑥自分で、あるいは周りと協力していきながら、この苦悩や困難に対処することができる、⑦苦悩や困難を出発点にし、自覚の深まり、成長、創造につなげていける、といったことになってくるように思われます。

この「受け止める」という点を治癒の基準に置くのは、臨床上、筆者にとっては、とても有益でした。というのは、クライエントは何らかの困難に陥って、セラピストを訪れるわけですが、その時、①困難や問題点の明確化、②困難の歴史、背景、原因を探る、③困難をどの程度受け止められているかの検討、④受け止めにくくなっている原因の探求、⑤受け止めるにはどうしていくかのプログラムを組む、⑥実践、⑦実践の結果と反省、⑧徐々に受け止める力がつき治癒の方向へ、といった順に治療が進むことが多かったからです。だから、今でも、クライエントと会うと、すぐに、この人の困難は何か、この人はどこまでこの困難を受け止められそうか、といったことが頭に浮かびます。

(3) 臨床心理用語事典による治癒像(7)

今度は、臨床心理用語事典での治癒像を紹介します。そこには、治癒像として、

①症状の消失、病態心理の理解
②病前に比べ、自己表現・自己洞察などの精神的能力全体の成熟
③合理的自己評価
④自己の認知が他者からの評価と一致していること
⑤健康であった時の自分の感覚と能力を再び得たと感じていること
⑥いろいろな現実的葛藤や欲求不満に対する病的不安の減少
⑦対人関係の改善

などが挙げられていますが、これらは、もっとも一般的に考えられている治癒像でしょう。

(4) ロジャーズの治癒像(8)

ロジャーズはカウンセリングの元祖にあたるような人物ですが、カウンセリングの結果、得られる改善として次の点を列挙しています。

①パーソナリティの統一および統合の増大
②神経症的傾向の度合いの減退

③不安の量の減退
④自己および自己の一部としての情動を受容する度合いがより大きくなること
⑤現実を取り扱う際の客観性の増大
⑥緊張を醸成している状況を取り扱う場合のより一層効果的な機制
⑦より一層建設的な感情および態度
⑧より一層効果のある知性的な機能

これらは、今までに挙げてきたものとあまり変わりませんが、特にパーソナリティの成長に主眼を置いているようです。いずれにせよ、カウンセリングを行っている際に絶えず気に留めておく目標点だと考えていいでしょう。

(5)　ユングの治癒像(9)

夢と象徴の研究で知られるユングは、心の治療の一時的な終止点として、
①適切な助言を受け入れる
②十分な告白
③無意識下にあった重要な心的内容の認識
④幼児的心理の除去
⑤環境への理性的順応
⑥苦痛な症状の消失
⑦試験、結婚、就職などの運命の決定的転換

⑧信仰の回復や改宗
⑨実践的な人生哲学の芽生え

ということを挙げています。ユングの考えている治癒像も、今までのものと変わらない（特に①、②、⑤、⑥）ようですが、②、③、④あたりには精神分析の影響を感じます。

また、信仰といった宗教的な面も治癒像の一つに入れているところが、ユングの特徴です。ユングにとって、宗教とは単なる教義というよりは、人生を貫く「心の態度」のようなもので、信仰の回復とは、「心や人生の回復」と考えたのでしょう。

また運命の決定的転換や人生哲学の芽生えといった点を治癒像に挙げている点は、自己実現や個性化や「心の変容」を重視するユングの態度の現れのように思われます。

(6) フロイトの治癒像

一方、ユングの一時期の師匠であった、精神分析の元祖であるフロイトは、治癒像に関連して、以下のような記述を残しています。

①ヒステリーの惨めさをありふれた不幸に変えてしまうこと（「ヒステリー研究」[10]）

これは、病気の持つ異常性や理解困難性を減じ、普通で了解可能な事態とすることで、より問題解決が図りやすくなるということでしょう。辻先生の第一原則に通じます。

②健忘の解決（無意識的存在と意識的存在との疎通）（「フロイトの精神分析の方法」[11]）

・行動能力、享楽能力の増大
・症状の持つ意味（影響力）の減少

治療とはある意味で、自分史の再構成という意味合いがあるので、健忘の解決ということが根本的な目標かもしれません。

③病的観念の除去（↑内的抵抗の克服。無意識的なものの意識化を通じて、今まで抑圧してきたものを受け入れる）〔「精神療法について[11]」〕

精神分析療法の根本である、「無意識の意識化」ということです。

④コンプレックスの発見〔エディプスコンプレックスなど[12]〕

・抵抗の発見と克服（特に転移性抵抗の克服）〔「精神分析療法の今後の可能性[11]」〕

フロイトは、無意識内容の中で特にエディプスコンプレックスを重視し、それを発見しそれにどう向かうかを治療の重要課題にしました。自らのエディプスコンプレックスに向き合うことは、自立、自他の区別、不安の解決、現実との調整、万能感の克服、嫉妬や競争心の解決、社会性の獲得といった課題を引き受けていくということです。

⑤転移現象の解決〔「転移の力動性について[11]」〕

フロイトは、後年になるほど、精神分析療法の目的を転移の取り扱いと解決に向けていたようです。転移とは、セラピストに向けるクライエントの幻想的・投影的な感情ですが、この解決というのは、「転移感情の自覚」「転移感情の起源の自覚」「転移感情と現実の区別や認識」「転移感情から自由になる」「転移感情を生き方に生かせる」といったことになります。要するにフロイトは、クライエントの主要な問題はすべて転移現象に出るゆえ、それを分析することが治療になると考えたのです。

⑥無意識についての自我の知識の拡大〔「精神分析学概説[11]」〕

・新しい超自我（分析医）による再教育
・転移現象の真の性格についての再教育
最晩年には、無意識の意識化も「抵抗や転移の解決」も含めて、治療を再教育という言い方をしており、これは結局は、ロジャーズの考え方につながっていくようです。

(7) 行動療法の治療目標

行動療法には多くの流派がありますが、筆者の見るところでは、畢竟《ひっきょう》、次の二点に集約されるようです。

①不足している条件づけの補強（例：自己決定の増大）
②過剰な条件づけの減少（例：過敏さの減少）

要するに、足りないものを補う、出すぎているものを抑えるといったことが基本で、比較的単純な治療目標と言えます。しかし、単純だからこそクライエントにはわかりやすく、治療の役に立つ可能性が高いのです。複雑・難解さに神秘さや魅力を感じるセラピストもいますが、あくまで大事なのはクライエントの治療ということです。

それと、行動療法の治癒像を単純と言いましたが、詳細に見ると、実に複雑な様相を呈します。また、行動療法を実践することで、いかに行動が複雑な構造を持っているかがわかってきます。

また、行動療法を再学習と言いますが、これは精神分析療法のいう再教育と同じことだと思われます。

(8) 家族療法の治療目標

家族療法にも多くの流れがありますが、筆者はおおむね、次のように考えています。

①家族の持つ自己解決能力の強化（家族に、自力で、現在や将来の問題、今の症状などを解決する方法を学ばせる）
②家族成員間のコミュニケーションや行動パターンの変化
③家族を支配しているルールの変化（ルールや呪縛から自由になるということ）
④家族成員の分化（一人一人が自立していくことにつながる）
⑤世代間境界の強化（両親は子供を巻き込まないということ）

治療というと普通はセラピストとクライエントの一対一の関係のように見えますが、実はクライエントの背後には家族という重大な存在があり、病状の悪化も改善も家族との関係が大きな要因を占めていることが多いのです。

(9) 現存在分析療法の治療目標

現存在分析の研究で有名な荻野恒一[13]は、人間の固有の営みとして、①自己からの超越と、②自由への超越をとりあげましたが、これはそのまま現存在分析療法の治療目標としてよさそうです。

超越というと大層な言葉に聞こえますが、実は我々が日常で行っている営みです。超越は、人間主体の根本構造だと言えますが、これがあるがゆえに、人間は、自己の存在の意味を問い、世界に開かれ、認識や言語を持ち、他者に配慮しながら行動し、他者と間主観的な交わりを持ち得ると思われます。その意味で、心の病の状態にあるということは、超越できずに、その時点に釘付けにされていることだと思われます。

(10) カウンセリングの治癒像（水島恵一[14]による）

①自己や現実の正しい認知
②深い自己の覚知と、ありのままの自己の受け入れ
③自由性の増大
④人間性の開発

　このような、自己洞察、自己受容、自由性と人間性の尊重は、先のロジャーズの挙げた、カウンセリングの目標を要約したものと考えられ、カウンセリングの治療目標としてもっともポピュラーなものでしょう。

(11) 遊戯療法の治療目標

①自己表現の開発
②情動や緊張の解放
③心身の成長の促進
④自己治癒力の活性化
⑤創造的体験

　これらは、箱庭療法や絵画療法やコラージュ療法などの表現療法にも通じるものですが、いずれにせよ、遊びと表現が人間生活にとっていかに大事かを示していると言えるでしょう。

⑿ トランスパーソナル心理療法の治療目標

トランスパーソナル心理学とは「神との交感、宇宙との融合感など、人間の知覚を超えたものが人間の心理に与える影響を研究する学問。フロイトやユングの無意識の概念といった西洋的な知では捉えられない、自己超越的な側面を重視する。そのため禅の悟りやヨガの修行体験などを通じて、人間の普遍的な姿を求めることになる」[15]というものです。

①「(真の)私になる」プロセスの促進
②宗教性・霊性・精神性の発達
③トランスパーソナル体験(自己感覚が宇宙大に拡張していく神秘体験など)の実現
④神との交感、宇宙との融合感の達成
⑤魂のケア、psychospiritual な成長
⑥自己超脱的視点の獲得
⑦個人の心の動きと世界の変化との共時的関係の洞察
⑧禅の悟りやヨガの修行体験などを通しての、人間の普遍的な姿の観想

以上は、現代のエスプリ「トランスパーソナル心理療法」[15]などを参考に、トランスパーソナル心理療法の特徴をまとめたものです。いささか神秘的で霊的で非日常的な治療目標のように見えますが、筆者の考えでは、他の治療法の治療目標とそう変わるものではありません。日常の生活の中に潜む神秘的・霊的・宇宙的なものにやや焦点を当てているというだけです。

◆3◆……治癒・治療という言葉の多義性……◆

(1) 治癒像の多様さ

さて、多くの治癒像を見てどんな感じを持たれたでしょうか。実に複雑だと思われたか、ほとんど同じことで別の言い方をしているだけだと思われたか、それぞれでしょうが、これだけ一二もの治癒像を挙げたのは、各々のセラピストが抱く治癒像の変化の多様さをわかって欲しかったからです。

(2) 「治癒」「治療」の関連語

また、治癒像が多彩であるだけではなく、治癒や治療という言葉そのものが、多くの類義語を持っています。先にも述べましたが、治癒・治療という言葉は少し考えただけでも、改善、望ましい変化、援助、役立つこと、解決、成長、発達、自己実現、個性化、全体性回復、自助能力の増進、自然治癒力の開発、再生、更生、生き直し、可能性の拡大など（英語圏でも事情は同じ、cure, healing, therapy, remedy, recovery, solution, treatment など）、たくさん浮かんできます。しかし、仏教の世界ではもっと多くて、治癒や治療を表す言葉は、百千億あるそうです。その中のほんのわずかだけでも挙げますと、治癒を表す滅諦《めったい》（苦や煩悩が滅した状態）は、たとえば別の名として無障礙《むしょうげ》、離垢浄《りくじょう》、寂静、不死、真実、自然住、正義、出離、といった名号《みょうごう》を千億以上持っており、治療法を表す道諦《どうたい》（滅諦に導くための道）は、一乗趣、引導、平等、仙人業、超出などの別名をやはり無限に持っているとのことです。(16)

(3) セラピーの語源

仏教の世界だけでなく、西洋語の「セラピー」の語源もかなり複雑なものを持っているようです。セラピーという言葉は、エジプトの男神であるセラピス神（オシリスとアピスの合成神で、医術の神）から来ているのですが、マンリー・P・ホール(17)によれば「セラピスという言葉の語源解釈で満足のいくものは何一つなかった」とのことです。

またセラピスの后《きさき》とされているイシス神も、古くから治癒の女神とされていますが、彼女も一万以上の名称を持つと言われています。

ということで、治癒や治療という概念は、もともと非常に多義的で、定義不能のものとしての宿命を担っていたと考えられます。

［第一章の要約］

・治癒像（治療目標）の正確な定義は困難で、それはまるで、人間や人生や愛を定義するのと同じことであるように思える。
・定義は困難ではあるが、治癒という現象、治療という営みが存在するのは確かである。
・つまり、治癒という実体は存在しないが、治癒像についてのイメージや治療物語は存在すると思われる（治療目標とは、たとえて言えば、地球や宇宙のようなものかもしれない。地球の一部を我々は絶えずいろんなところで見ているが、全体を見ることはできない。たとえ、宇宙衛星から見たとしても全部を見たわけではない。また、治療目標は、治療の出発点になるので、それを明確にし、クライエントと治療目標を共有した上で、治療作業をスタートすることが望ましい)。

・すべての治癒像は、各々他のものと関連性があるとともに独自性もある。治療者は、自分に馴染む治療法・治療目標を見つけるとともに、多くの治療法・治癒像に開かれていることが重要である。そのほうがクライエントとの波長を合わせやすい。各クライエントの治癒像は、共通する点はあるとはいえ、その歴史と同様、各々個性的である。

・各々の治療目標は、同時に治療手段ともなるようである。たとえば「心の安らぎ」は一つの重大な治療目標ではあるが、心の安らぎを得られると、それが基礎となって物事が考えやすくなり(自己検討能力の増大につながる)、決断しやすくなる。逆に「自己検討能力の増大」は「適切な決断」を可能にし、それはクライエントに、自信と心の安らぎをもたらす。

・したがって、厳密に考えれば治療手段と治療目標は分けられない。

第二章

治療的変化の促進・妨害要因

◆1◆……促進要因と妨害要因……◆

治癒像が多様なだけではなくて、治療要因にも多くのものが関与し、その過程は複雑で謎に満ちています。たとえば、ある事例を振り返って、その治療的要因（促進要因のこと）が何であり、反治療的要因（妨害要因のこと）が何であるのかは、不明確なことが多いです。事例検討の際にも、何が役に立ったのかについては意見の分かれるところです。

(1) 促進要因

促進要因に関しては、はっきりさせることそのものが無理なようです。というのは、人間には、もともと自然治癒力が備わっているので、それを妨害しなければ自然と治っていくからです。だから、わざわざ促進要因などとりあげることが不自然なのでしょう。もっと言うと、最大の促進要因は、なるべく妨害要因を少なくする、ということかもしれません。その意味で治癒とは草花の生長と似ているかもしれません。なぜ花や木が生長するかと聞かれても「それは自然現象でしょう」としか答えられませんが、なぜ育たないかについては、土、水、肥料、温度、虫、日光などに問題があったということなどが発見しやすいと思われます。

(2) 妨害要因

妨害要因や失敗要因は促進要因よりはっきりさせやすいようです。たとえば、初回面接での共感が足りなかった、構造枠をきっちりしなかったので治療に混乱が生じた、治療経過の中で転移や抵抗を見抜けず不幸な中断になったというのが代表的なものです。ただし、これも、後でそのことを見直し、治療に生かせるようになれば成功要因になるかもしれません。

◆2◆……事例における促進・妨害要因……◆

促進・妨害要因がはっきりしないだけではなく、それを区別することにも無理があると言いましたが、そのことをさらに示すものとして、各事例や各場面において働きかけの効果や意味合いが変わってくるということが言えます。

ある働きかけ（たとえば直面化）は、A事例においては有効でも、B事例においては無効（場合によっては妨害要因）になるかもしれません。

これは、セラピストによっても違ってくる場合があります。たとえば、Aセラピストは、一生懸命丁寧にクライエントと問題の相互検討を行おうとしましたが、拒絶や反発にあってうまくいかなかったのに、同じ働きかけをしたBセラピストとの間では相互検討がうまく進んだ、ということもよくある現象です。

◆3◆……場面・状況における治療行為の違い……◆

たとえば、「直面化」という営みは、ある場合は適切でクライエントの心の整理を助け、行動の変容を来すかもしれませんが、別の場合には反感や不信しか招かない場合もあります。

これは直面化に限らず、あるセラピストがやった営みを、そのまま別のセラピストが行ったとしても、同じ結果が出るとは限らないという複雑な面がカウンセリングにはあるのです。

◆4◆……治療行為の評価……◆

(1) 時間の経過による評価の変化

ある事例で直面化をして、中断になった場合に、そのセラピストを含め、周りの評者たちは「この直面化は、セラピストの早く治したいという逆転移感情に動かされた、焦りに満ちた行動化である」という否定的評価を下すかもしれません。しかし、何年後かに、そのクライエントがやってきて「あの時、先生に突っ込まれて怖くなったり、腹が立ったりして、やめてしまったが、よく考えれば先生の言うとおりだったと思う。それであれから働いて夜間の学校へも行きだして今は落ち着いている。

あの時のお詫びとお礼を言いたくてやってきた」と述べた場合、中断を招いた性急なセラピストの働きかけは、どう評価されるのでしょうか。

このように一見治療妨害的な行為が後になって、実は治療促進的な行為であったというケースは決して少なくはありません。もちろん逆のケースもあって一見良いように見えても、後から見ると治療の妨害をしていたと評価されるような働きかけもあるようです（「良い子」のようにふるまうクライエントのカウンセリングで生じやすい）。

また、クライエントの再訪ということがないにしても、一〇年後ぐらいに見直して、もう一度同じケースの検討をした場合、それは良き直面化で、良き中断であるという評価も出てくるかもしれません。後でまた検討しますが、中断は必ずしも悪いとは言えません。中断によっていい意味での休養が取れ、それまでの治療的営みを見つめ直すいい機会になるかもしれませんし、またセラピストがいなくても、一人で三カ月間生活ができたという自信が得られるかもしれません。事実、中断したおかげで治療が前進したという例は結構あるのです。

(2)　良くなって自殺する力を得た例

治癒像が複雑であると同時に、この「良くなる」「悪化する」という評価は大変難しいのです。ある場合には良くなるにしたがって、行動力が増え、自殺の危険性が高まることもあります[(3)]。もっと極端な例を挙げると、治療が成功裡に終わったように見えた事例が、二カ月後に自殺を成功させたという例もあるのです。自殺を成功させるというのは結構決断と勇気がいります。もちろん真の勇気や決断力を持てば自殺にはいきにくいと思えるのですが、絶望的状況にいる人が中途半端な勇気を得た結果、自殺を完遂させることはよくあるのです。だから、我々治療者仲間では、「時にカウンセリングが自殺できる能力を高めていくものになる」ということが話し合われることがあります。

もちろん、違った場合もあります。たとえば、ある例でカウンセリングをはじめて自殺企図を繰り返すようになり、家族が非難気味にセラピストを見ていましたが、自殺未遂を繰り返す中で良くなっていき、その後良くなったままで経過している例もあります。

◆5◆……治療者・評者（コメンター）による評価の違い……◆

ある治療の営みが良かったかどうかは、それを判断、評価する人によって変わってきます。たとえば、慢性的に自殺企図を繰り返したクライエントを、セラピストがいつもの枠を越えて治療行為を行い、改善した（生きる意志が強くなり、仕事や対人関係が再開された）とした時、ある評者は「これは転移性治癒で真の治癒ではない」という場合があり、ある評者は「関係の中で良くなっていくのが当然なので、これは評価できる」という評価をするかもしれません。

各評者とも、歴史や好みやよって立つ基盤が各々であるので、そのバイアス（偏り）がかかるのは当然です。場合によっては、コメントに評者とセラピストの関係が現れることもあります。

◆6◆……治療要因・反治療要因の区別……◆

これまでの話でわかるように、治療的・援助的行為を促進する要因と妨害する要因に分けることは、大変に困難なことで、きわめて人工的便宜的な区別です。

ではは区別作業が必要でないかといえば、決してそうではありません。たとえば、臨床心理士は「高度の心理学的知識と技能を用いて、心理的援助を行う心の専門家」とされています。そして、この心理的援助とは、当然本人や事態の良き改善を目指す援助となります。そして良き改善を目指すためには、その改善に有効な要因の探求へと向かわざるを得ないのです。

また、治療の妨害要因をそのままにしておくと、いたずらにクライエントを傷付けるようになったり、ひどい場合には倫理違反となるようなケースもあります。だから、やはり治療妨害要因、反治療的行為とは何かを追求する必要が出てくるのです。

だから、完全に明確に、治療要因と反治療要因を分けられないにしても、それを探る努力は必要であると思われます。

◆7◆……成功事例と失敗事例……◆

臨床事例に対して、しばしば「あれは成功事例、これは失敗事例」という言い方をする人がいますが、そんなに簡単に分けられるものでしょうか。事例の評価に対しては、単純に成功失敗というより、カウンセリングの開始時に比べて、次の点がどうなったかを見ることが重要だと思われます。

①進展した部分、解決した部分、当初の課題・目標がどれだけ達成されたか。
②未解決な点、不十分な点、課題として残っている点。
③かえって悪化した点、危険性が増した点、クライエントを傷つけた点。
④今後、注意する点、気をつける点、眼を向けたほうがいい点。

こういう点から考えれば、失敗事例（たとえば、不十分な点が残ったまま中断したケースなど）といえども、ある程度進展している部分があるわけで、今後の課題は何か、もう少しこうしていれば流れが変わったのでは、クライエントの役に立ったのでは、と考えさせてくれます。その意味では、失敗事例は不十分事例と呼んでいいのかもしれません。

また、成功事例といえども不十分なところが残ると思われます。その意味では、成功例も失敗例も程度問題だという気がしてきます。

いずれにせよ、失敗事例と呼ばれるものは、上記②を多く含んでいるわけで、それを十分に見直し、今後につなげることができれば、立派な成功事例になっていきます。

問題なのは、③のような点が際だつ場合です。この極端な例は、倫理違反と呼ばれるようなものに相当してくると思われます。この点我々セラピストは絶えず加害者や詐欺師になる可能性（現実にあるクライエントは某カウンセラーのことを「高い金を取って話を聞くだけでちっとも良くならない。あれは詐欺師だ」と言ったことがある）があるわけですので気をつけねばなりませんが、よく考えれば、医師も霊能者も宗教家も弁護士も同じだろうと思われます。

［第二章の要約］

・援助や治療に関する行為・現象などを、良い営みと悪い営み、または促進要因と妨害要因に分けるのはきわめて人工的で、無理な作業である。
・しかし、困難であるにせよ、セラピストは良い営み、役立つ行為を目指し、悪い営みを避けるようにしなければならないし、また治療促進要因を引き出すように要請されている。
・ある意味でセラピストに代表される援助者は、治癒像や治療促進要因・妨害要因がはっきりしないまま、治療やカウンセリングを行わねばならない、というジレンマを生きざるを得ないと思われる。
・そうすると、良きセラピストとは、「促進要因と妨害要因のことは念頭に置きながら、それにこだわらない、それから自由である人」、あるいは「治療的要因ということをほとんど考えずに治療・援助行為を行うが、やっていることは治療的で役立つ行為が多い人」ということになるだろう。

第三章

カウンセリングにおける基本的営み

これまでは、治癒像や治療促進要因などについて考えてきましたが、今度は、治療やカウンセリングで大事だと思われている作業・現象、治療的営みについて述べていきます。

◆1◆……傾聴……◆

(1) 基本的治療促進要因

まずカウンセラーは、傾聴を心がけるように教えられます。これは、医師も看護師も含め援助職すべてに言えることです。ロジャーズ[18]もカウンセラーの三条件（自己一致、無条件の肯定的尊重〈積極的関心〉、共感的理解）を、クライエントに伝えていくためのプロセスを傾聴と呼んでいますし、バリント[19]は「全身を耳にして聴くこと」を強調しています。

この真剣に注意深く耳を傾けるという行為は、確かにクライエントの役に立ちます。たとえば、誰も真剣に聴いてくれなかった話を、カウンセラーが一時間も口を挟まずにきちんと聴いてくれた体験をしたAクライエント（失恋し、人生に絶望している青年としておく）は、それだけで「聴いてもらえた、理解された、受け入れられた」という感じを持ったとのことです。この体験はひいては自己理解、自己受容、自己肯定につながり、Aは立ち直っていきました。この意味で傾聴は、非常に重要な基本中の基本の治療促進要因です。

(2) 傾聴が危険な場合——その1（未熟なクライエント）

a．過大な依存要求

しかし、次の場合はどうでしょうか。今度も同じうつ状態の青年、Bクライエントが来て、自分の苦しさ、つらさを述べるとします。セラピストが傾聴を心がけると、青年はますます勢いづいて喋りだし、今のつらさは親の育て方に問題があったと言います。セラピストはそれもうなずいて聴いたままで初回面接が終わります。そうした親への不平不満に対する傾聴が、三、四回続いた後、Bクライエントが「今度親に会って、親を叱ってくれないか」と要求してきたとします。セラピストが「それはできない」と言うと、クライエントが「今まで僕のことを理解しわかってくれて僕の立場に立ってくれていると言っていたのは嘘だったのか、五回もここへ通わせた上、何もしてくれないとはいったいどういうことか」「どう責任を取ってくれるのか」と怒りだします。あげくの果てに「納得した回答を聞くまでここから離れない」とまで言いだしたのです。

結局、Bクライエントはカウンセラーを殴りつけそこから去っていきました（これは実際に起きた話です）。この時、セラピストは、いちばんの治療促進要因である傾聴を心がけたのに、なぜこんなことになったのでしょうか。

b．依存と幻想を強める危険

この場合、AクライエントとBクライエントとの間には次のような差があったと考えられます。つまり、Aの場合は、もともと自分で考え、自分で心の整理をし、自分でこれからの見通しを持て、自分で決断していくという独立・自立主体を有している、つまり「自分というものをしっかり持てている」人間だったと思われます。しかし、失恋というあまりにつらい目にあったために、自分が揺らぎ苦しくなり専門家の聞き手を必要としましたが、聞いてもらっている間に自分を受け入れ、このつらい自分からスタートしようと決意したと思われます。

しかし、Bの場合は、もともと自分があまり育っていず、文句を言う自分や一方的に依存する自分はいても、全体を統合して自分を頼りにして動くという主体的自己が育っていなかったと言えます。いわば部分的対象関係に留まっていたと言えるでしょう。

この場合、傾聴は幻想的万能的依存欲求を高めることになり、幻想が破れた時のクライエントの怒りはすさまじいものとなります。こういう例は境界例や人格障害などに多いとされていますが、このような未熟傾向は神経症やうつ病や健康な人間にも多く見られるようになっています。多くのカウンセラーは筆者も含め、Aのようなクライエントを期待しますが、現実にはBのようなクライエントが多くなってきているのです。

c．クライエントへの対応法

それでは、このような未熟なクライエントに対してどうしていけばいいのでしょうか。一つには、話をある程度聴いてから、カウンセリングに求めるもの、カウンセラーに期待するものを聞いておくことです。ただ、こういう人の場合、うまく言えないことが多いので、そんな時は「うつを改善したいということでしょうか？」とか「目標がわからないことは多いので、何を目標にするかを考えることを、とりあえずのカウンセリングの目標にしましょうか？」という形で、構造化を進めるような質問をしてもいいでしょう（このようにいくつかの選択肢を示して選んでもらうのは、大切な治療手段です）。

さらに、カウンセラーに期待することを尋ねる中で、カウンセリングや治療は共同作業であること、主役はクライエントでカウンセラーは補助的に援助するにすぎない、ということを確認しておきます。また親に対する不満については、どこかで「その不満についてどうしていきたいのか考えたことがありますか？」と優しく本人に聞き、本人の主体形成がどの程度なのかをじっくり見ていくことが大事になるでしょう。

そしておりを見て、その都度、カウンセラーのできること、できないことの区別をつけていくことが大事だと思われます。ただ、Bクライエントが、親に文句を言って欲しいと言った時、いきなりカウンセラーが「できない」と言うよりは、親に何をどう伝えるのが望ましいのか、親にそれを伝えた場合、どういう結果が予想されるか、それを伝えるのがいいとしても、それはカウンセラーが伝えるべきか、クライエント本人が伝えるべきかを検討する、ということが大事だったと思われます。

そうしておくと、B本人の切実な欲求を尊重しながら、徐々に彼に考えさせていき、現実的な考えを得させる方向にもっていきやすくなるでしょう[20]。

(3) 傾聴が危険な場合――その２（話がばらばらなクライエント）

a．理解におけるずれ

もう一つ困るのは、話がばらばらでまとまりがなく、理解が困難な場合です。さらに、こういうクライエントは、早口でしゃべり、息をつくひまを与えないことが多く、セラピストは何かよくわからないうちに話を聞かされっぱなしで、あまり理解できずに面接が終わったということがしばしばあります。

こんな場合の傾聴でも、いい結果をもたらすことはあるかもしれませんが、次のようなことが生ずる時があります。すなわちセラピストのほうはよくわからないままなのに、クライエントのほうは自分の言ったことを全部わかってもらえたと思いこんでしまう場合です。そして、そのうちにずれが生じてきて、セラピストがほとんどわかっていなかったことが感じられると、セラピストに怒りと不信が向かう場合です。

b. 治療者の介入

こういうことを防止するには、少しわかりにくくなった場合、「それは誰が誰に言ったことですか」(病的水準が深いクライエントでは、しばしば主語や目的語を抜かし、述語優位の状態にあることが多い)と聞いてもいいし、それがクライエントに負担を与える場合はせめて述語部分だけでも捉えておくことが大事です。また、面接の終了時には、「今日はこういうことが伝わりました」と言っておいてもいいです。

あるいは、クライエントの話をこちらなりにまとめて「今言われたことはこういうことですか?」と聞いて、相手との理解の共有を目指すほうが、ずれがなくなって安全であるように感じます。

こうしたクライエントは、統合失調症や躁状態などの精神病的傾向や人格障害的傾向を持っていることが多いですが、健康な場合でも、焦りの強い人でこのような傾向を持つ時があります。クライエント自身が落ち着いてきた時に、「早口で喋りまくる私を適度に止めてくれて良かった」「話を整理してくれて良かった」と言う場合があります。クライエント自身が自分を見失って、「喋りたい衝動」に振り回されている時は、そのような介入をすることで、コントロールする能力を開発できるかもしれません。ただ、どの辺でどういう介入をするかは難しい問題ではあります。

(4) 傾聴の条件

さて、傾聴そのものは大変重要な治療促進要因ですが、この傾聴を生かすためにも、カウンセリングの目標や構造枠、理解の一致ということが必要な気がします。このような安全枠があってはじめて安心して集中して傾聴できるように思われます。これは今のような未熟なクライエントと面接する時、特に必要だと思われます。

◆2◆……共感、理解……◆

傾聴はたいてい共感を伴います。というより、共感しながら聴くことが、カウンセリングの基本中の基本です。先に述べたロジャーズもカウンセラーの条件の一つに共感的理解を挙げています。[18]

(1) 共感について

a．治療的要因の柱

共感（empathy）は感情移入と同義ですが、これは確かにカウンセリングにおいての基本的柱であり、重要な治療促進要因です。

クライエントに限らず、我々は自分が注目されたり、自分のことや自分の話に共感してもらうことに最大の喜びを感じます。自分の考えや行動に同感してもらうということは、あたかも、赤ちゃんが泣いた時に母親に抱きしめてもらって感ずる喜びの原体験に通ずるのかもしれません。

クライエントは、たいていは孤立していることが多く、友達も少なく、共感してくれる人が少ない場合が多いのです。いたとしても浅い共感であり、何か物足りなさを感じていることが多いようです。だから、カウンセリングに来るわけですが、ここで、カウンセラーに深く共感してもらえるとそれだけで治っていく場合もあります（ただ、Aのようなクライエントの場合はそう言えるでしょうが、先ほども言いましたように、そうはいかない未熟なクライエントが多くなっているのが現状です）。

b．共感の危険性

しかし、傾聴とともに共感には危険な面もあります。たとえば、Bのような未熟なクライエントに向かって、不用意に「大変ですね」とか「つらいですね」とか「ずいぶん苦しい目にあっていたんですね」と言ってしまい、そこを強調すると、過度の依存や、苦の移し替え（一種の投影同一視）が生じて、「このカウンセラーは素晴らしい。喋るだけで、自分の苦しみを全部取ってくれる」という幻想的・万能的期待を抱く時があります。

こうした幻想は、早晩破れることが多いので、その時の絶望や怒りは激しく、深刻な行動化を引き起こすかもしれませんし、クライエントの傷を深め、人間に対する不信感を一層強めるかもしれません。

ます。

c. 安全な共感のために

安全な共感というものがあり得るかどうかは別にして、できるだけクライエントに傷を与えず、治療の効果を高めるための共感をするにはどうしたらいいかということに我々は常に腐心しています。

［共感できる点とできない点の区別］

そのためには、先述したように治療目標の共有や構造枠をはっきりさせてから、スタートすることも大事ですが、やみくもに共感しようとしないことも重要です。すなわち共感できる点と共感できない点、どちらともはっきりしない点を常に念頭に置きながら話を傾聴していくほうがいいということです。

たとえば苦しんでいる点は共感できても、苦しさの原因をすべて人のせいにしたり、また苦しさは全部他者が取ってくれると考えている点は共感できないといったような認識です。そうすると自然に「この苦しさを強めるものや弱めるものはどういうものか何か浮かんでくるかな？」といった質問が出てきて、相手がそれにどう反応するかのほうに関心が向かいます。そして、苦しさを自分で引き受ける姿勢が出てきた時には、それに共感すればいいのです。

［共感の示し方］（自然な共感）

多くのカウンセラーは筆者も含めて共感したがっているし、またクライエントにカウンセラーの共感が伝わることを望んでいるように思えます。そのほうがカウンセリングが進展すると考えるからです。

ただ、その時に大げさな共感をすると、クライエントの疑惑や不信感を招いたり、気持ち悪がられるようです。よく、カウンセラーへの苦情として「何でもないことに、いちいち大げさにうなずかれたりして何か変な感じがした」ということが挙げられます。

このようなことが起きるのは、治療者側の欲求や煩悩（クライエントの役に立ちたい、カウンセリングを進展させたいという）のせいなのでしょうが、良き共感は、焦った無理な共感ではなく、自然な共感、すなわち共感したくなくても自然にうなずきたくなるような共感です。したがって、クライエントの言動にとても共鳴した場合には、率直にそれを示していいのです。

(2) 理解 (comprehension, understanding)

共感には理解がつきものです。理解なき共感というのは、厳密にはあり得ません。何も話していないのに、クライエントが「つらいです。苦しいです」と言っただけで、「本当に苦しくてつらいんですね。よく共感できますよ」とでも伝えたら、それはあまりに不自然です。せいぜい、言うとしても「確かに苦しそうな感じがしますが、もう少しそれについて話ができますか？」というのが自然でしょう。

a．理解は最大の治療要因

［理解とは］

カウンセリングにしろ、治療にしろ、その進展の鍵は、この「理解」という点にかかっているように思えます。ところで、理解とは何でしょうか。辞典によれば「①わかること、納得すること、のみこむこと、②相手の立場や気持ちを組み取ること、③道理、わけ、意義がよくわかる」となっかりますく。

ており、理解が「他者の心情の受容・共感」や、「普遍性の受け入れ」と関わっているのがよくわかります。

「理解」は英語で understand と comprehend に相当するようです。前者は、「①わかる、②了解する、解釈する、当然だと思う」で、後者も「①理解する、わかっている、②包む、包含する、～に及ぶ」ということですが、understand が一般的な形で使われるのに対し、comprehend は形式ばった語で、understand より内容を深く、徹底して理解する、というニュアンスがあるようです。

ただ、comprehend はフランス語の comprendre（理解する）に相当し、この comprendre は、com（ともに）-prendre（得る、取る、食べるなど、英語の take にあたる）の合成語で、分かち合う、共有するというニュアンスが強くなります（日本語の「わかる」の古語である「わく」も「判断する、理解する」という意味以外に「物を分ける、分配する」という意味がある。これが「分かち合う」になると一層、共有の意味が強くなる）。

一方、understand は「下に立つ」という意味から、物事を基礎から見ていくという連想が湧きます。

その意味では、理解（understand と comprehend）は、「深いところで大事なことを共有する」ということかもしれません。

[理解の効能]

クライエントの多くは、「自分がわかってもらえない」「自分は孤立している」「自分は異常である」「自分は普通の人間から脱落している」「自分は普通扱いされないのではないか」といったような思いや不安を強く持っています。ですから、他者（セラピスト）から理解されるということは、他者に自分の苦しみを共有してもらったことになるわけで、それはクライエントの孤立感、異常意識、脱落意識、疎外感などを和らげ、それだけでも相当救われることになります（あたかも、荒野で置き去りにされた幼な児が、優しい魔法使いのお婆さんに出会うようなものです）。

［他者からの理解］

また、他者に理解されることを通じて、自分や自分の問題に関する自己理解が進むことにもなります。クライエントは、たいてい自分の苦悩の原因や意味、今後の道筋、あるいは自分自身や他者のことなどについて、あまりよくわかっていないことが多いのです。しかし、他者に自分のことが理解されるにしたがって、自分に関する理解が深まることが多く、その意味で面接（特にカウンセリング的面接）とは、最高の自己理解の方法かもしれません。

b．真の理解の難しさ

［苦しみの表面的な理解］

ただ、理解はそう簡単にできるものではありません。たとえば、不眠の苦しみを訴えてやってきた女性のCクライエントに対し、その背景を聞いてみると、失恋してからであると言う。では、「Cクライエントの苦しみの原因が失恋だとわかった」ということの「わかる」は理解にはなるでしょうか。もちろん答えはNoです。厳密に言えばCクライエントほど悩んでいない一般の人や周囲の人がこの話を聞いたら「ああ、彼女はだいぶ悩んでいたようだけど、原因は失恋だったのか」と理解して納得するかもしれません。だから、あまり苦しんでいない人は、非常に表面的な理解だけで「事たれり」としてしまうのでしょう。

しかし、このCクライエントに「貴女の苦しみの原因は失恋ですね」と言ってみても、何も言ったことになりません。下手をすれば、まったくわかり切ったことをわざわざ言うカウンセラーのもとに来てひどく後悔するか、もっと悪くすると「ここを最後の場所としてやってきたのに、まったくわかってくれない」と思って絶望を深め、最悪の場合は自殺までしかねないかもしれません。

［苦しみの真の理解］

本当の意味で、あるいはクライエントに役立つという意味で、この苦しみの原因を理解するとすれば、①彼女の言う失恋の内容、失恋の原因は？　②失恋で落ち込むのは当然だとしても、すぐに立ち直る人に比べて彼女はなぜ苦しみを引きずっているのか？　③今回の苦しみはどの程度なのか？　今回の苦しみがいちばん激しいとすれば、それはどうしてなのか？　④失恋の意味や意義は？　この失恋は彼女に何をもたらそうとしているのか？　彼女は、この失恋をどう受け止めるのが適切なのか？　⑤失恋した人すべてがカウンセリングに来るわけではないのに、彼女がわざわざカウンセリングを受けようとしたのはどうしてなのか？　⑥彼女は、この失恋を通して今後どうしていきたいのか？　このカウンセリングで何をしようとしているのか？　カウンセリングに何を期待しているのか？　⑦彼女はどうすれば納得できるか？　⑧彼女は、自分の今後の最良の人生をどう考えているか？　逆にどのようなものを最悪の人生と考えるか？　といったようなことを理解して、その理解を彼女と共有できることではじめて彼女を少し理解できたと言えるのかもしれません

（以上の①から⑧を完全に理解するのは相当困難ですが、仮にそれが理解できたとしても、彼女の苦しみの

理解の一部にすぎないと思われます）。

［自殺の場合］

特に、理解が簡単でないことを思い知らされるのは、主に自殺の場合です。この時ほど、クライエントに対する理解の浅さ、クライエントの歴史や運命の謎を痛感させられ、自分の無能さ、無力感に打ちひしがれることはないと思われますが、我々セラピストはまたこの痛みを次のクライエントに生かしていかなければならない宿命を持っているのです。

［クライエント自身の理解度］

さらに、クライエント自身も何を理解して欲しいのか、カウンセリングで何をして欲しいのかわからないことが多いです。彼らは、困っているという実感があるだけで、何を伝えたいのか、何をどう理解して欲しいのか、はっきり認識できていないのです。そんな時は、こちらが多くの豊富な枠組・仮説（クライエントの心の中身に関する推測）を持って、クライエントの波長に合わせながら、適度に要約したり、質問したりしながら、クライエントが自分の気持ちを整理していくのを助ける必要があります。

また、クライエントの話そのものがまとまりにくい場合もあるので、そうなると一層、理解が困難になります。

c．理解できている部分の区別

ということで、筆者の印象からすれば、クライエントの話は理解できないことが多く、一見わかりやすそうに見えながら、よく考えると謎がいろいろ見えてきます。

セラピストは、クライエントを早く理解できるに越したことはありませんが、それよりも確実な理解、もっと言うと「わかった部分」と「わからない部分」の区別の認識・理解が大事だと思われます。そして、カウンセリングとは、クライエントに代わって（またはクライエントとともに）この「わからない点」に関してあれこれ想像をめぐらし、これを解明していく作業ではないかと思います。

d. 簡単に「わかった」と言わない

［軽率な「わかる発言」の危険性］

そうすると、カウンセリング場面でよく、クライエントに「お気持ちはよくわかりました」と言うカウンセラーがいますが、そんなに簡単にわかるものではないので、軽率な発言になる可能性を考えておいたほうがいいとも言えます。

また、クライエントの中には「そんなに簡単にわかるわけがない」、もっと言うと「そんなに簡単にわかってたまるか」と思っている人が多いので、安易な「わかる発言」は余計な不信感や警戒感を生む可能性があります。

さらに、わかられることを怖がるクライエント（依存したり、呑み込まれたりすることを恐れるクライエント）も多いので、やはり「わかった」発言は慎むほうが望ましいという気がします。

ただ、どうしても、「わかった」ということを言いたい場合は「その部分はこちらに伝わりました」とか「その部分はこのように理解しましたがいいでしょうか」といった形にしておいたほうが安全でしょう。

［カウンセラーが「わかった」と言いたがる理由］

このように、カウンセラーが「わかった」と言いたがるのは、やはり早く安心感を得たい気持ちの現れなのでしょう。さらには、早く「理解できていますよ」ということをクライエントに伝えたくてしかたがない（その裏には「私はちゃんとしたカウンセラーですよ」ということを示したい気持ちが大きいのだろう）という思いがあるのです。

さらに意地悪く考えれば、カウンセラーがクライエントの話を「もう聴きたくない」という心理が働いて「その話はわかった」と言ってしまう場合もあります。

ただ、カウンセリングの大事な仕事は、カウンセラーがわかるというより、クライエント自身の理解度を上げることと、「わからない点」の発見とその解明にあります。

［わかったと言ってもいい場合］

ただ、絶対に「わかった」と言ってはいけないと考えるとまた不自由なことになります。カウンセリングの最中に、カイロス（適した時）が熟して突然視野が開けるように、カウンセラーもクライエントも、今までの謎がよく理解できたという時があります。そんな時、「これで本当にあなたのことがよくわかりました」というのは、きわめて自然な流れです。

こんな時は、二人して「わかった」ことを喜んでいいと思われます。また、クライエントも、このカウンセラーの「わかった」発言が支えになるでしょう。

(3) 共感的理解

今までのことから考えれば、真の共感をするには理解が必要であり、また理解に共感が伴うことで、温かく役に立つ理解となると思われます。

その意味では冷徹なだけで共感なき理解は、クライエントの役に立とうとする理解というより、単に研究・学問の対象（あるいはヒトラーに見るような選別の対象）としての理解になり、それは非治療的な、あるいは反治療的な理解にしかなりません。我々は、この治療的理解と反治療的理解を区別する必要があります。

同様に、共感の気持ちだけ先に立って理解が十分でなければ、はじめは親切で熱心なカウンセラーだとクライエントには感じられても、結局は役に立たず、治療の進展を引き出してくれないセラピストと映るでしょう。また、理解なき共感は、共感してはいけないものにまで共感する危険性を伴い、未熟なクライエントの悪性の依存や退行や悪性の投影同一視などを引き起こす危険があるので注意しなければなりません。

失礼を顧みず述べるとすれば、構造上やその歴史性からいって、臨床心理士やカウンセラーは理解なき共感（共感第一路線）へ、精神科医は選別的理解へと陥る危険性を有していると言えるかもしれませんが、我々はどちらの危険性も避けるよう努める必要があります。

◆3◆……受容、尊重、関心、支持……………………◆

(1)　受容

a．受容とは

カウンセリングの勉強のはじめには、よく受容が大切と言われます。ロジャーズの言うカウンセラーの条件の一つである「無条件の積極的関心（肯定的尊重・配慮〈unconditional positive regard〉）」の説明の中にも「来談者のすべての面を条件なく暖かく受容すること」「審判・批判的な態度ではなく、クライエントの存在を無条件に受け入れること」（松原達哉[21]による）となっており、受容や受け入れの大切さが説かれています。

ではいったい、この受容とは何であるのかについて考えてみましょう。受容とは「受け入れる」ということであり、『大辞林』によれば「①人の言うことや要求などを聞き入れる、②引き取って世話をする、③受け取って収める」となっています。一方、受容に相当すると思われるacceptanceは「受け入れ、受理、受諾、承諾、賛成、容認」ということです。

b. 受容の治療的要因

受容が、重要な治療的要因であることは言うまでもありません。ロジャーズ[18]が「変化を起こさせる風土作りに重要な第二の態度は、受容（acceptance）とか、好意を持つとか、尊重するとかなどの無条件の肯定的関心である。それはクライエントがその瞬間にどうあっても、治療者が肯定的で受容的な態度をもっている時、治療的動きまたは変化が起こりやすいことを言ったものである」と述べていることでもわかります。もっと簡単な例を出せば、泣いている赤ん坊が母親に受け入れられるかどうか（逆に放っておかれたり、虐待されるかどうか）の結果を考えれば、受容の重大さはあまりに明白でしょう。

クライエントは、多くの場合、セラピストに対して「受け入れてもらえるかどうか」に強い関心と不安を持っています。クライエントの「拒絶（受容とは逆の態度）され不安」「見捨てられ不安」の強さは、カウンセリングの大きなテーマの一つです。逆に、カウンセラーに受け入れてもらったと感じるクライエントは、ほっとするし、安心感と安らぎを持て、孤立感や異常感や疎外感が和らぎ、それは大きな治療的前進となります。

だから、カウンセラーも一生懸命傾聴し、共感的に理解を示し、クライエントを受容しようとするし、一部のカウンセラーの指導者も「とにかく受容を心がけなさい。クライエントを受容することがカウンセリングの鍵になります」と教えるのでしょう。

c．受容の反治療的要因

受容は大切だと思われるのですが、傾聴・共感・理解と同様に、受容にも同じ危険性があります。それは、傾聴や共感と同じことになるのですが、未熟なクライエントが、まず自分の心の苦しさやつらさを訴え、カウンセラーはそれに対して熱心に受容を心がけるとします。そのうち、クライエントは苦しさを訴えると同時に、親や他者を責めたり、攻撃的になったり、妄想的な怒りをぶつけてきたり（逆に自殺願望を強く訴えるケースもある）、となったとします。果たしてこんな時でも簡単に受容していいものなのしょうか。

もし、それらをカウンセラーが受容しようとし、クライエントが受容されたと思った時、自分の思いや衝動が受け入れられ、同意され、容認されたと思う可能性は高いと考えられます。そして、彼らが実際に親に暴言を吐いたり暴力を振るったりする危険性（または自殺の危険性）が増してきた時、そのカウンセラーはどうするのでしょうか。その時になって「あなた（クライエント）は、私（カウンセラー）の手に負えません」とでも言ったら、どうなるのでしょうか。クライエントは拒絶されたと思い、一層、怒りと絶望を強めるかもしれません。最初に、丁寧に「引き受けかねます」と言っていれば、まだましかもしれませんが、受け入れてからの拒絶は、最初から拒絶されるより強い傷をクライエントに与えるのは明白です。

これで、思い出すのは、東京で起きた悲劇的事件です。息子の家庭内暴力で苦しむ父親が、精神科医やカウンセラーに相談したところ「とにかく相手のことを受け入れてあげてください」と指導され、その通りにしたところ、暴力は一層ひどくなり、とうとう父親は息子を殺害してしまったといった事例です。詳しい具体的事実がわかっていないので断定はできませんが、もしその通りだとしたら、誤った受容の使い方の最大の悲劇の一例と言えるでしょう。

d. 受容できる点とできない点の区別

このような危険や不幸な事態を避けるために、カウンセラーは、自分の受容できる点とできない点の区別をしておくことが重要になります。

［受容できない点への準備作業］（三つの場合）

そして、受容できない点が出てくることをあらかじめ予測しておき、出てきたらそのことをとりあげる準備をしておくことが重要です。すなわち、カウンセリングの初期のころに、クライエントの言動の中に受け入れにくい点、賛成できかねる点が出てきた時、それをとりあげる準備をしておくことが大事だということです。もちろん、受容できない点が出てきたからといって、ただちにとりあげる必要はないかもしれませんし、それが不適切な場合もあります。というのは、カウンセラーが不用意にそれをとりあげると、クライエントの反発や拒否を誘発させ、場合によっては不幸な中断を招くだけになることもあるからです。カウンセラーが受容できない点というのは、多くの場合、クライエントにとっても触れて欲しくない嫌な点なのです。

ただ、カウンセリングの局面によっては、カウンセラーとしてクライエントの嫌な点を話題にしたり、その点を検討したり、または対決したりせざるを得なくなるので、そのための準備作業が必要です。

これには、いくつかの手があります。一つは、カウンセラーの側が「受容できない点」の出現をあらかじめ覚悟しておくだけにしておいて、出てきたら、その時は「出たとこ勝負」でやっていこうという態度です。

二つ目は、受容できない点、受容していいかどうかわからなくなる点が少しでも出てきたら、それをとりあげていいかどうか、クライエントに確認してから、その受容できない点をゆっくり話題にしていくといった姿勢です。

三つ目は、初期にまだ「受容不能の点」が出ていないにもかかわらず、「あなたにとって嫌な点が出てきた時、必要とあればそれを話し合わざるを得ませんがいいですか？」と事前に承諾を得るというやり方です。

この三つ以外に準備作業のやり方はまだまだあるでしょうが、どれをとるかは、各セラピストの持ち味によって変わってくると思われます。

［受容できない点に対する対応の仕方］

では、受容できない点を感じだした時、どうするかということですが、これも各セラピスト、治療場面によってさまざまです。ある人はただちに「その点は受け入れかねます」と言うかもしれないし、また別の人は「その点についてもう少し聞いてもいいですか？」と言って、その点の相互検討に入ることを誘うかもしれません。またあるセラピストは、その「受容できない点」をそのままにしておいて様子をみるかもしれません。またそれ以外にいろんな対応の仕方があるでしょう。

この点は、セラピストの明確化、直面化、助言、解釈といった介入的作業の領域に入ってくるので、後に述べますが、ただはっきり言えることは、「受容できる点」と「受容できない点」の区別に敏感であるほど、治療は有効で安全に進むことが多い、という点です。

e．偽りの受容

初心者は、受容が大事だと教えられていることが多いので、真の受容に至っていないのに、受容したと思い込む、または自分自身に思い込ませることが多いようです。これは、早く受容したい気持ちの焦りの現れでもあります。

では、偽りの受容とはどんなものでしょうか。偽りの受容の場合は、①受容してもセラピストの心はあまりすっきりしない、②受容していたはずの話題が再び出てきた時、心が騒ぐ、③夢の中に出てくる、④なんとなくセラピストに胸騒ぎが起きたりするし、身体の調子がよくない、⑤ずっと、その問題が気になっている、⑥事例を他のセラピスト仲間に話した時、無理を指摘される、⑥カウンセリングが進展していかない、といった現象を伴う場合でしょう。それと「偽りの受容」になる場合は「受容できないもの」を無理に受容していることが多いようです。

f．真の受容とは

逆に、真の受容は、自然に受容できるものだけを受容しています。決して焦ってはいません。真の受容は、セラピストの心に安らぎと落ち着きを与え、そのクライエントに対する想像力が豊富になり、いくつもの仮説や見通しを持て、何が起きてもそれほど心配はないということになるでしょう。何よりも、自分の魂や特に身体が平静になります。

だから、受容が本当にできているかどうかを確かめるには、自分の心を見るだけでなく自分の中の「身体の声」に聞いたらいいと思われます。

それを思うと、カウンセリングや治療は、相手を観察するより、自分の心や身体の動きに注目しておくことのほうがより本質的なことかもしれません。逆転移感情や治療者体感の利用ということです。

それから、真の受容に到達するためには、受容できない点の取り扱いが大事です。たとえばクライエントが絶望を訴えた時、絶望するに至る心理的原因は受容できても、「現在や今後においても絶望し引きこもっていく態度」は受容できないと、カウンセラーが感じたとします。そして、その絶望感を話題にしながら、次第に絶望の背景にある怒りや過去のつらい体験や人間不信などを語ることで、その絶望的態度の背後にある「援助を求める気持ち」や「やり直したい気持ち」が出てきたとします。その時、カウンセラーは、はじめて安心して「絶望的にならざるを得ない気持ち」を受容できると思われます。そして、カウンセラーは「絶望感」だけを受容しているのではなく「絶望感に負けないでおこうという前向きの気持ち」も受容しているのです。

それゆえ、真の受容に到達するには、受容できない点に注目しながら、それを大事に取り扱い、それが受容可能なものになるまで（なるとは限らないことに注意）、治療的営みを続ける必要があるようです。

ロジャーズらの書いた『サイコセラピィの実践』[22]を読むと、セラピスト側が実に積極的に関わり、クライエントよりセラピストのほうが発言量が多かったり、セラピストはしばしば質問しています。クライエント中心療法を、静かにクライエントの発言にじっと聞き入り、その受容に心がける療法と考えている向きには少し驚かれると思いますが、真のクライエント中心療法は、クライエントの役に立つように面接を展開していくことだと思われます。

g．カウンセラーの自責の念

受容的態度を取る時の今一つの問題点は、特に未熟なクライエントでよく生じることですが、カウンセリングがうまくいかない時、カウンセラーが自分自身を責めてしまうことです。これは、カウンセラーをいたずらに苦しめるだけではなく、カウンセリングの流れの実像を見誤りやすいという危険性が生じます。つまり、カウンセリングがうまくいかない時、それは往々にしてクライエントに責任があることが多いし、クライエントの苦はクライエントに解決の責任があることが多いのに、カウンセラーは自分の責任だと感じて自分を責めやすいという問題です。

しかし、実際は、クライエントが自分で解決すべき苦を、カウンセラーが受け入れて（受容して）いくものだから、カウンセラーはますます苦しくなりお手上げとなることが多いのです。こんな時カウンセラーに「うまくいかないのは私の責任です」と謝られても、クライエントには何のプラスにもなりません。ここで、大事なことはそのカウンセリングのプロセスを振り返り、良いところは伸ばし、具合の悪い点は改めていき、今後のカウンセリングの進展やクライエントの成長に寄与することなのです。したがって、治らない理由を反省するのは、カウンセラーだけではなく（カウンセラーも引き受けすぎたという点では少し自分を見直したほうがいい）、クライエントのほうにも（むしろクライエントのほうこそ）必要なのです（もちろん、それを直接クライエントに言うのは有害なことが多いですが）。

h．自分の心を見ること

ということで、真の受容とは無理のない自然な受容であり、「偽りの受容」とは、受容できないものを受容しようとする、無理な焦りに満ちた「受容」です。

この真の受容を実現し、「偽りの受容」を避けるためには、日ごろから自分の心をよく見ておくことです。自分の心を素直に見られたら、クライエントの心の動きも素直に見えてきます（その意味で、治療にまず必要なのは妙観察智[23]です）。しかし、この「素直に見る」ということが、実に難しいので、スーパーヴァイザーが必要なのでしょう。

(2) 関心

a．治療持続要因としての関心

クライエントに関心を持つことは、治療の重要な促進要因です。我々は、クライエントに関心を持っているからこそ、クライエントの心とともに揺れたり、クライエントをよく観察したり、クライエントのことをあれこれ想像することができます。つまり、カウンセリングといった大変な仕事を続けられるのです（もしクライエントに関心を持てなくて、スーパーヴァイザーや仲間と相談しても、その関心のなさに変化がなければ、引き受けないほうが安全かもしれません。それは、クライエントにとっても良い結果をもたらさないような気がします。ただし、カウンセラーは、そこでなぜこのクライエントに関心が持てないかを自らに徹底的に問うことが、己の治療力を上げるうえでのポイントになります）。

クライエントもカウンセラーから関心を持たれて、今までの孤立感や疎外感が和らぐでしょうし、自己愛もかなり満足させられるかもしれません。人間は無視されるほどつらいことはないようです。忘れさられ、無視されるぐらいなら拒絶されるほうがまだましだと言った女性クライエントを思い出します。

b. 関心を持ちすぎる危険性

関心を持つことは大事ですが、関心を持ちすぎた場合、問題が生じる時もあります。つまり、カウンセラーがクライエントに関心を持ちすぎる時は、しばしば、クライエントの幸せや治癒に関心を持つよりも、違うものに関心と興味を持っていることが多いのです。まとめて言うと、セラピストは、クライエントを、①研究、学問、興味の対象、②自己の自信獲得の対象（治すことで自分が力を持っていると信じたい）、③親密欲求の対象（クライエントと友達になりたいと思う。性的対象になる時もある）、④金銭の対象、⑤自己の治療力を高める練習台としての対象、⑥発表、著作事例の対象、といった形で見やすいということです。一般の人が聞いたら、「セラピストという人物は、親切づらして、なんと破廉恥で恐ろしい人たちだ」と思われるかもしれませんが、セラピストも一人の人間である以上、こうした欲求を持っていてもごく自然なことなのです。問題は、自らの内に潜む諸々の欲望と煩悩に敏感になっておくことで、これらの欲望をともかくクライエントの治療の役に立つように使うことが大事になってきます。

しかし、セラピストがクライエントに関心を持ちすぎている場合には、往々にして、治療やクライエントのメリットを考えるより、この①〜⑥のような欲求が強くなっていることと、そのような欲求に盲目になっていること、あるいはクライエントと親密になることが治療なのだと信じ込んだり、開き直ったりするといったことが発生する時があります。ユングとシュピールラインの関係[24][25]などはそうですが、最終的にシュピールラインはユングとのことを自分にとっての貴重な体験としており、シュピールラインとユングは親密な関係が終わってからも文通しています。これは非常にうまく行った例ですが、性的関係を持ってしまいクライエントを最終的に傷つけるカウンセラーは多く、その点でセラピストは本来は援助者なのに、加害者になる可能性があるので注意が必要です[26]。実際、クライエントとの性的関係については闇の中で、まだ詳細かつ厳密に議論されてはいません。ただ、ユングやシュピールラインの例などはまれな場合で、ほとんどの場合はクライエントを傷つけていることが多く、アメリカのある州では、セラピストがクライエントと治療中に性的関係を結ぶことを禁じています。

c. 無関心と関心過剰

したがって、関心を持てない場合も、関心を持ちすぎている場合も、そのままにしながらカウンセリングに入るのは危険なことなので、そういう場合は自分の心を見つめたり、それに向き合うことが必要です。自分がきちんと「治療者欲求（セラピスト欲望）」に向き合えているかどうかをより明確にしたければ、仲間やスーパーヴァイザーに話すことも有益です。

セラピストは、そうすることで、無関心や過剰関心の背景や、自分の問題点や構えや自分の無意識に気づき、自分自身が成長するかもしれません。そして、セラピストの成長は、必ずしもパラレルではないにしても、クライエントに益をもたらすだろうと思われます。

いずれにしろ、「いいクライエントが来てくれた」と思う時は、かえって危ない時だと思ったほうが賢明です。

(3) 尊重と支持

さて、これまでの傾聴、共感的理解、受容、関心はすべて、クライエントの尊重と支持につながってきます。

クライエントにとって、大切に扱われ、尊重されること、支えられることは、はじめての体験である場合も多く、これは治療の重大要因を全部集めてもいいような根本的治療要因です。

a．支持できる点と支持できない点の区別

ここでも、問題は何を尊重し支持するかということです。結論から言えば、今まで繰り返してきたように、自分で考え、自分で決め、結果については自分で責任をとり、自分をコントロールできる、そういったクライエントの部分を支持・尊重することが治療的です。

そうすると、攻撃的衝動や、退行的欲求や性愛衝動は尊重されないのかというと決してそうではありません。それは、たとえて言えば火のようなものです。我々は火を尊重し、それを上手に利用して、照明、暖房、調理などに使います。火や水は、衝動や欲求と同じく、生活になくてはならな

いものなのです。

だから、セラピストは、これらの衝動を尊重し、大切に取り扱おうとするので、当然、この攻撃的衝動、性衝動をクライエントが大事にすることを願います。もし、クライエントがこれらを大切に扱わない場合（有害な行動化の場合）、その態度を支持・尊重するわけにはいかないので、当然その態度について話し合うことになります。

そういうわけで、無原則な支持はよくありません。セラピストとしては、衝動をコントロールし、不安・抑うつなどの意味を考え、それらと上手に付き合う部分を尊重し、支持することが、大事なのです。

結局、共感、受容と同じく、支持できる点と、支持できない点の区別が大事という結論になるようです。

b. 支持・尊重の難しさ

また、簡単に尊重や支持と言われることが多いようですが、これは結構難しいことです。口で「支えます」とか「大切にします」と言っても、それだけでは支えたことにはなりません。たとえば「倒れるのでは」「死ぬのでは」という不安に襲われている人には、「支えます。安心してください」と言うよりは、①その不安の中身を傾聴し、②次いで死が現実に訪れる可能性を相互検討し、③心電図などの諸検査やその他の医学的診察で、身体に異常はなかったことを再確認させる、④死の可能性は、同年代の人に比べて同じか、低い（検査をして異常のない分だけ）ということを自覚させる、⑤不安が普通の人より高い理由として、自分の性格や態度（過度に気にする傾向など）があることの相互確認、⑥そういう性格をどうしていくか、またそういう性格でどのように生きていくか、ということを話し合った後、はじめて「いくら理屈で死の可能性は低いとしても、どうしても心配になってしまう気持ち」を受容・共感し、それらの気持ちを尊重することが、クライエントを支えたことになります。

すなわち、本当の支えとは、自分だけでは十分に自分の問題に向き合えなかったり、考えたりできないクライエントに対して、自分で向き合い考えることができるようになるまで、本人を援助することなのです。

だから、支えるとは、クライエントが自分で自分を支えることができるように助けることであって、クライエントの肩代わりをすることではありません。

［第三章の要約］

・共感、理解、受容、関心、尊重、支持はカウンセリングや治療において、常に大切とされてきたし、それは、これからも変わらないだろう。
・これらは、相互に関連することでほとんど同じようにも思うが、微妙な違いはある。
・これらは治療的要因としてはとても重要で基本となるものだが、無原則に受容、共感をするよりは、受容・共感できる点とできにくい点の区別が必要である。
・共感できにくい点は、そこに焦点を当てたり、話し合ったりする必要がある。
・受容できる点とできない点の区別は難しい時もあるので、そこの鑑別・認識のためには、仲間や指導者が必要である。

・クライエントに関心を持つことは、治療上必要なことだが、その背後にある治療的野心や煩悩に注意をしておくこと。セラピストの欲望は自然だが、それをクライエントのために生かすことが大事である。

・クライエントを支えるとは、自分で自分を支えられるよう、援助することである。

第四章

抵抗（治療抵抗）

◆1◆……抵抗は自然な現象……◆

第三章では、治療の基本的営みについて述べましたが、実際の治療やカウンセリングでは、すいすいと進むことはまずありません。ほとんどの場合、抵抗、すなわち治療に対する抵抗に出あうことになります。

治癒を求めてやってきているのに、治るのに抵抗するなんて不思議だと思われる向きもあるかもしれませんが、ちょっと考えると、抵抗はあって当たり前です。たとえば、クライエントは自分の症状の消失や問題の解消を望みますが、症状や問題は、そのクライエントのこれまでの到達点であり、そのクライエントの歴史の積み重ねです。だから症状に触ることはその人の歴史を触ることになり、症状の減少を試みることは、その人の歴史や生き方を変えることになるので、抵抗にあって当然なのです。

だから、セラピストの役目の一つは、症状と「その人の姿勢や歴史」のつながりに、無理のない形で気づかせることになってきます。うまくいく場合は、気づく中で、生き方を少しずつ変えられるとともに、自己の歴史を見直し、症状も減っていくという形をとります。しかし、生き方をそう変化させず、症状とともに生きるという人もほんのたまに出てきます。生き方を変える変えないは本人の決断次第なので、我々セラピストとしてはその自己決定を尊重してもいいのでしょう。

◆2◆……治療要因、反治療要因としての抵抗……◆

それから、治療抵抗というからには、治療の妨害要因（『広辞苑』にも「治療に対して感情的に逆らう傾向」とある）のように思われますが、とんでもない話で、抵抗ぐらい治療の役に立つものはありません。治療とは抵抗を発見し、その抵抗を育て、抵抗をどう人生の中で生かしていくかということであると言っても過言ではないのです。

抵抗という言葉に、それこそ抵抗を感じる人もいるかもしれませんが、抵抗をレジスタンスと言い換えれば、抵抗が主体性であり、基本的人権であり、「命の叫び」であることが、よくわかると思います。ただ、他の場合と同じく、抵抗も大事に取り扱わないと、反治療的要因になりかねません。だから妨害要因になる可能性もあるのですが、それは、受容や共感の場合と同じことだと思われます。

◆3◆……フロイトの抵抗論……◆

(1)　フロイトの見方

抵抗の存在は、太古の昔から知られていましたが、それをはじめて深く研究したのはフロイトです。

フロイトは、まず言語想起に対する「抵抗」現象を発見したわけですが、「この抵抗という契機はフロイトの学説の基礎の一つとなった」とフロイト自身が述べています。[11] 抵抗についてわかりやすく役立つように解説するのは、大変な作業なので、少しフロイトの助けを借りていきます。

フロイトは、抵抗を発見した後、抑圧されたものを想起させることよりも、むしろ想起に対しての抵抗を見つけ出し、それを分析することのほうが治療が進むと考えました。彼は「治療者の使命はこの連想の抵抗を心理的操作によって克服することにあった」と述べていますが、ここですでに抵抗の治療的重要性を見出しています。

また彼は「抵抗は患者の生活態度の理解を可能ならしめる唯一の標示である」「抵抗を非難してはいけない。抵抗は患者の過去の生活の大切な材料を含んでいるので、分析の最良のあしがかりになる」「抵抗によって、初めて、自我の性格の諸特質やその形成過程を知り得る」「抵抗の克服によって患者はその洞察力と理解力を回復できる」[10]とも述べ、抵抗が、クライエントの理解と治療に役立つことを強調しています。

(2) フロイトの挙げた抵抗

a．五種類の抵抗

フロイトは、「制止、症状、不安」[27]で、抑圧抵抗、転移抵抗、疾病利得抵抗、反復強迫抵抗、超自我抵抗という五種類の抵抗を挙げています。それは、

①抑圧抵抗……「思い出す」ことに対する抵抗でもっとも基本的な抵抗。治療の期間中ずっと続きます。

②転移抵抗……フロイトは「転移抵抗は分析状況や分析者の人格との関係をつくりだし、これによって、普通はただ追想されるにすぎない抑圧を、生き生きと再生させる」（症状、制止、不安）、「陰性転移と性愛的な陽性転移が転移抵抗となる」「転移は最も強力な抵抗の武器である」（「感情転移の力動性について」[11]）と述べています。これは、治療が進む、つまり治療者との関係が深まるにつれて、患者はそれまで抑えていた甘えや性愛的な感情や攻撃性などを治療者に向けるようになってくることを指していると思われます。そして、そのような原始的、幼児的感情のみで行動する結果、正しい治療関係（話し合いの中で問題点を発見していき、その解決を図るなど）から逸脱することになり、これが大きな抵抗となるのでしょう。簡単に言えば、治療関係に移し替えられた抵抗と言えます。

③疾病利得抵抗……フロイトは「疾病利得から生じ、症状と自我との関係づけにその基礎がある。それは満足や安心を捨てることに対する反発心に相当する」と述べています。要するに、病気によって得ようとした、あるいは得られた利益（免責、回避、保護され大事にされる、病気によって周囲を支配できる、精神的安定、補償金など）を治療によって失いたくないといった抵抗ですが、これは非常にありふれたわかりやすい抵抗でしょう。これから考えると、治るとは大人の責任を引き受けるということですから、これに対する抵抗があって当然なわけです。

この①、②、③をフロイトは自我に由来する抵抗と呼んでいます。

④反復強迫抵抗……エスに由来する抵抗です。フロイトは「抑圧抵抗を解消した後でも、徹底操作と言われる緊張した努力の時期がある。徹底操作は、自我の抵抗がなくなった後にも、反復強迫

の力を克服することにほかならないのであって、この反復強迫は抑圧された衝動に対する無意識の原像の引力である」と述べています。これは、さまざまに自己理解が進んでも、小児的退行的な欲求や癖（エス衝動）を克服することの難しさを示しているのでしょう。平たく言えば、ついつい子供のような癖が出たり、衝動をコントロールすることができにくくなったりすることを指すのでしょう。だから、反復強迫抵抗を克服するには、行動療法的な練習が必要かもしれません。テニスにたとえれば、「手打ち」の悪い癖を治すといったことになるのでしょうか。

⑤超自我抵抗……フロイトは「これは最近わかり、最もはっきりしないものだが、必ずしも弱いものではなく、罪の意識や処罰の要求に根差していると思われる。それはあらゆる効果に反抗し、したがって分析による治療にも反抗する」と述べています。これは、治療によって楽になってはいけないという無意識の懲罰欲求とも言えるようです。また、この抵抗は特に、自分に厳しすぎる人、自分を否定的に考える人、理想を追い求めすぎる人、過度に良心的すぎる人、完全癖のある人によく現れるようです。

b. 陰性治療反応

以上の五つ以外に、フロイトは、陰性治療反応という抵抗についても描写しています。彼は「自我とエス」[(27)]で「分析中、希望を与え、治療が満足のいくものであることを示すと、不満を示し、状態を悪化させる人たちがいる。彼らは、どんな称賛も承認も受けつけることができないだけでなく、治療の進行に対して逆の反応（一時的悪化）を示す。彼らはいわゆる陰性治療反応を示すのである」と述べています。フロイトは、これを超自我抵抗と関係づけたり、死の本能と関連させたりしていますが、『精神分析用語辞典』(28)によれば、「この反応はそれほど狭く限定されることなく、治療期間中の変化に対する執拗なあらゆる抵抗を示すために用いられる」とされています。

　この反応は、生きることへの絶望や、強固な自殺願望とも関連があり、最強の治療抵抗だと思われますが、一方でこれを理解し体験し尽くすことで、治療だけでなく、人間理解が大きく進展すると思われます。

4　日常臨床と抵抗について

(1)　抵抗（抵抗の疑い）の発見

a．抵抗の疑い

治療においてまず大事なのは、抵抗の発見です。この場合、何を抵抗とするかに明確な基準はなく、諸家においても患者の言動の何を抵抗とするかについては多くの説があります。

　何を抵抗とするかは、セラピストの主観によることがほとんどです。ただ、セラピストの抵抗判断が当たっているかどうかよりも、その抵抗判断が治療に役立つことが重要です。そのためには、まず抵抗かどうかを疑うところからはじめるのが大事なことです。しかし、この抵抗の疑いを抱かせる場合も多種多様で一言では言いにくいですが、抵抗の指標となるものを、思いつくまま列挙してみます。

・自発的に来ない場合。カウンセリングや治療に拒絶的な時。
・自発的に来ても沈黙しがちな場合。
・質問には答えるが、自発的には喋らない。
・話にまとまりがない時。一方的に喋りまくりセラピストが口をはさめない。
・何を求めているかはっきりしない。
・話題が一つのことだけに固定する。逆に話がころころと変転していく。
・内容のある部分を特に強調する。逆に特定の話題を避け、「浮かんでこない」「話したくない」などと答える。
・雑談が多くなり、重要と思われることは話さない。
・「カルテにこれは書かないでください」「これは黙っておいてください」と言ってくる。質問に対して答えがそれる。
・逆に治療者に対して質問ばかりする。治療者が説明したにもかかわらず、同じことを何度も聞いてくる。
・「治るんでしょうか」「いつごろまでかかるでしょうか」「どんな治療をするんでしょうか」といった質問ばかりする。
・状況を羅列したり、解説するだけで、「そのことをどう思うのか」「これからどうするのか」といった話を避ける。
・ぼかした曖昧な言い方。意見がはっきりしない。人の意見ばかり言って自分の意見を言わない。

・逆に、ある意見に関しては、頑固にそれを変えない。
・話の中で感情がほとんど出てこない。逆に、感情があふれすぎて抑えきれない。
・セラピストの言葉にいちいち反発する。逆にセラピストに対しての反発がまったくない、従順すぎる。
・セラピストに対して反発しているように見えるが、「良いクライエント」を演じている。面接前に、自分の言いたい内容を紙に書いて持ってくる。
・遅刻、無断欠席、中断。服薬を忘れる。逆に一度に大量の服薬をしてしまう。
・前の治療者を非難する。逆に、「前の治療者のほうが良かった」と言いだす。
・他の治療者のところへ行ったり、他の治療をはじめたりする。
・治療中の行動化（自殺、自傷行為、軽はずみな行動など）。
・家族に対する怒りや非難を表明する。
・家族関係が悪化したり、家庭内暴力が生じる。
・職場や学校での不適応、または出勤、登校ができなくなる。
・電話をよくかけてくる、予約日以外の日にやってきたりする。
・自己の否定的な面ばかりを話す。
・逆に自己の肯定的な面や健康な面しか話さない。簡単に症状が消え、良くなる場合。
・症状や不安以外のことは話そうとしない。逆に、不安をまったく訴えない。
・精神病恐怖を強く訴える。逆に精神病恐怖についてまったく話そうとしないし、聞いても否定する場合。
・治療者の個人的なことに関心を持つ。
・治療者の個人的なことに対して反発する。「言い方や表情が気に入らない」という場合。
・治療面接の話は進んでいながら、身体症状がでてきたりするし、周囲（家族、友人、入院中であれば看護師、他の患者など）との関係が悪化する。
・事務スタッフに文句を言ったり、絡んだりする。待合室で騒ぐ。
・連想や解釈、相互検討がうまくいっているようだが、まったく変化が起こらない場合。
・解説ばかりして、まったく決断しない。逆に、早すぎる結婚や就職といった形で、軽はずみな行動をとる。
・不自然な恋愛や性愛行動が生じる。
・セラピストが退屈さや眠気を感じる時、また不安、恐怖や怒り、嫌悪を感じる時。
・治療をやめたくなる時。早く終わって欲しくなる時。他の治療者に回したくなる時。
・セラピストが患者に対して治療のこと以外の関心を持つ時。
・患者、クライエントと別れるのが寂しい時。
（最後の四点はセラピスト側の抵抗であるが、これはクライエントの抵抗と密接に関連するので、ここでとりあげた。治療者抵抗、すなわち逆抵抗については、後で詳しく述べる）。
・患者が面接の終わりに来て席を立とうとしない。
・別れ際に重要な質問をする。

まだまだいくらでも挙げられるでしょうが、きりがないのでこの辺にします。

これでわかるように、治療というのは、抵抗の洪水（抵抗の疑いの洪水）の中にいると考えていいでしょう。また、ごく自然で普通の行動でも、時と場合によれば、抵抗と判断されることもあります。フロイトが言ってるように「抵抗は変幻自在に姿を変える」ので、それを抵抗と認識しにくい時がありますから、いつもこれは抵抗ではないかと注意を払っておく必要があるでしょう。逆に何でも抵抗だと考えすぎないように注意する必要もあります。いずれにせよ、それが抵抗かどうかに注意を払っていると、治療者センスは上がると思われます。

加えて、先に挙げたフロイトの抵抗の分類と、ここで列挙した点がどう関係しているかを見ておくのも抵抗理解を高めるための一つでしょう。たとえば、沈黙を保つクライエントは、自分のつらさや秘密を見たくないため黙っている（抑圧抵抗）かもしれませんし、またそれはセラピストを警戒したり不信感を抱いている（転移抵抗）からかもしれませんし、治療が進んで病気から得られる利益がなくなることを心配している（疾病利得抵抗）のかもしれません。あるいは、自分は病気から解放されるべきではない、よくなってはいけない、よくなるわけがないといった超自我抵抗や陰性治療反応が関係しているかもしれません。要するに、一つの抵抗現象に関していろんな見方ができるのです。

b．抵抗発見の工夫

先ほど、日常臨床では、抵抗の洪水の中にいると述べましたが、そうは言っても、ただ漫然と話を聞いているだけでは、抵抗が出現しない（または発見しにくい）ことがあります。つまり、抵抗というのは治療に対する抵抗であるので、治療に関するプログラムや見通しをあらかじめセラピストが持っていて、それに沿って話を進めていく中で、出てくるということになっているのです。治療プログラムに沿って治療していこうとすると、たいていは、これまでのクライエントの特徴や傾向と抵触することになり、クライエントはそこで抵抗を示すのです。だから、各カウンセラーがどれだけ豊富な治療プログラムを持っているかどうかで、抵抗の出現度合いは違ってくるのです。

また、あらかじめ患者との間で治療に関する取り決め（治療契約）をしておく、つまり治療の構造枠を定めておくのも重要です。それは、枠がないと、どれだけ枠をはずれたかわからないことがあるからです。ただし、どれだけ枠を厳密に決めるか、かなりの自由性を患者のほうに認めるかは議論の別れるところでしょう。

(2) 抵抗の診断

抵抗の疑いを感じた時、まずすべきことは、その抵抗の緊急性、重大性の判断です。今すぐ、この抵抗をとりあげないと、治療関係が中断してしまう、自殺や行動化といったことが起きる、その他患者に重大な不利益が生じないかといったことを考えることが必要になってきます。いわば救急処置が必要かどうか考えるのです。緊急に介入が必要となった場合には、この抵抗の疑いをとりあげ話し合います。

ただし、普通は緊急性を帯びている場合は比較的少ないので、とりあえずは「抵抗かなという疑い」がどの程度強まるか見ていくのが上策でしょう。それと、クライエントの言動がどの程度やむを得ない自然なものかどうかも考える必要があります。

また、最初は先ほど挙げたような抵抗をいくつか同時に感じている場合が多いので、経過の中でそれらがどれに絞られてくるか見ていくことも大事です。

(3) 抵抗の疑いが強まった時

治療の上で重大な抵抗だなという疑いが強くなった時はつぎのように考えるといいでしょう。

①もし、抵抗をとりあげて、クライエントのほうから「そんなことはない」といった否定が返ってきた場合でも、十分にその抵抗を証明できる間接的証拠がそろっているかどうか考えます（フロイトも、解釈に抵抗した場合には間接証拠に頼るよりしようがないといった意味のことを『精神分析入門』で述べている）。

②クライエントがセラピストのとりあげたことについて話し合う気になれているかどうか、たとえば、クライエントが抵抗を認めたとして、セラピストの「そのことについてどう思いますか」「それはいつごろからでしょうか」「その理由について何か連想がわきますか」といった質問について考える気になれているかどうかも考えます。というのは、カウンセリングや治療は共同作業ですから、セラピストとクライエントが協力して、抵抗の問題を考えていくという姿勢が必要です。

③抵抗解釈を受け入れる準備ができているかどうか考えます（フロイトも早すぎる解釈が患者を悪化させたという例を挙げている）。抵抗が正しく解釈され、それが受け入れられると、クライエントの洞察が広がり、セラピストへの信頼が高まり、抵抗による治療妨害がなくなる、といったプラスがありますが、間違って受け取られると、悪化や中断やセラピストに対する不信の増大となる可能性が出てきます。

④しかし、抵抗解釈が正しくても（あるいは正しいがゆえに）、一つの抵抗を解釈するとまた別の抵抗が出てくる場合があります。だから、抵抗解釈の後、どのような抵抗が出てくるか予想を立てておくことが大事です（抵抗は単純なものではなくて、多層的なのです）。

⑤抵抗解釈は、かなりの時間とエネルギーを要する時が多いです。だから、その時、解釈を可能にするだけの時間と気力、決心と実力、またはクライエントの状態を配慮する余裕が自分に備わっているかどうか考えることが必要です。

(4) 抵抗についてのさらなる連想

上記のほかに、以下のことについての連想は、クライエント理解を豊かにします。

①抵抗の種類や性質……フロイトの挙げた五（六）つの抵抗のどれかに相当するか。この抵抗は顕在性か潜在性か。潜在性とするとライヒ[29]の挙げた潜在性抵抗（latent resistance 過度に従順な受け身的抵抗、常に礼儀正しい強迫的抵抗、感情閉鎖傾向、感情表現に真実さを欠く態度など）のどれかに相当するか、など。

②抵抗と防衛……この抵抗はどのような防衛と関係しているか（アンナ・フロイト[30]は、父S・フロイトの防衛に関する研究をさらに進め、抑圧、退行、反動形成、分離、取り消し、投射、取り込み、自己自身への方向転換、対立物への逆転、昇華といった防衛機制を列挙した）。この抵抗によって何が防衛されているのか。患者はこの抵抗によってどんな利益を受けているか、逆にどういう不利益を被っているか。

③現在の病態水準……極度の錯乱状態、不安状態、抑うつ状態、意識障害などでは、抵抗についての

話し合いは不可能で、薬物の使用などが優先する場合がある。
④現在の治療関係……信頼関係の深まりの程度と転移関係の様態（信頼関係がないところで抵抗をとりあげると、有害な結果になることが多い）。
⑤抵抗の持続期間と性格との関係……この抵抗は新しいものか、比較的古いものか。どの程度性格と結びついているか。クライエントの抵抗の歴史を探求することが大事。クライエント理解につながるだけではなく、治療の鍵を握る。
⑥抵抗の連続性や一貫性はどの程度か。
⑦治療者側の逆抵抗や治療構造上の問題点はないか。
⑧患者以外の家族に抵抗はないか。
このように考えていくと、抵抗の探求は、即、治療につながるということです。

(5)　抵抗の疑いの後のセラピストの行動

それでは、抵抗を疑った後、セラピストがどう行動するかということですが、これも多様です。
①抵抗をしばらくそのままにしておく、抵抗を泳がしておく（未だ抵抗かどうかはっきりしない時）。
抵抗がどうなっていくか観察するわけです。抵抗は一種の主体性の現れとも言えますので、抵抗を育てることも大事になる場合があります。
②抵抗に注意を向けさせる。
具体的には「この点についての話が少ないように思えますが、いかがですか？」「最近、欠席が多いようですが、どうですか？」といった質問をしてクライエントの反応を見ます。

③抵抗を直接指摘する。
たとえば「あなたは解説ばかりしていますね」という言い方。しかし、このように直接指摘することは、比較的少ないでしょう。ただ、一度克服された抵抗が反復して現れる場合や緊急事態や直接言ったほうがわかりやすいクライエントの場合などでは、直接の指摘もあり得ます。
④抵抗のためにできなくなっていることをさせるような質問をする。
たとえば、人の意見ばかり言って自分の意見を言わないクライエントに向かって「ところで、あなたの考えはいかがですか?」という質問をします。ここでクライエントが自分の意見を言えれば、それで一つ抵抗を克服したことになるし、相変わらず自分の意見を言わなければそこに抵抗点があることを認めざるを得なくなります。これに類した例は、「ところで、何を求めておられるのですか?」「これからどうされますか?」「私の質問は何でしたか?」（人の話を聞いていなかったり、質問に対する答えがいつもそれる場合）といった質問があります。

(6) セラピストの働きかけ

クライエントが自分の抵抗の存在に気づいたり、注意を向けたりしだすと、おおむね、次のような働きかけをするといいようです。
①抵抗を認めた患者は、自責的になる時があるので、抵抗は人間の弱さの表現として十分意味があるのだということを踏まえながら、抵抗の姿勢をとってきたクライエントを受容する（たとえば「人間、言いにくい時もありますよね」と言ってクライエントの抵抗を認める）。
②抵抗によって守っていたものと、失ったものを考えさせる。抵抗は意味もあり、有益でもあるとい

うことに注意を向けさせる。
③同じことだが、抵抗の起源を考えさせる（状況因、性格因など）。
④同様の抵抗が、クライエントの日常生活や、他の治療場面で出ていないか考えさせる。

◆5◆……抵抗を生かす……◆

抵抗の疑いや発見は、あくまでクライエントの役に立つものとして行う必要があります。そういった目で見てみた場合、さきほど挙げた抵抗を疑わせる現象は、たとえば、自分の身を守り、侵入を予防し、マイペースを保とうとする必死の姿かもしれないし、また追い込まれて必死に奮闘する人間の姿でもあるかもしれません。いずれにせよ、その姿は、それまでの本人の歴史の結果であり、本人の特性でもあるのです。

ただ、それを上手に使いこなしきれていないために、症状という有害な結果が出てしまったので、それを本人の役に立つためにどうするかを共同探求すると良いと思われます。抵抗を育て、抵抗を生かすとはそういう意味であり、それはセラピストという鏡や壁や器や同行者があってはじめて可能になることが多いので、セラピストの側もクライエントの抵抗を生かせるように治療力を上げることが要請されてくるのです。

この抵抗現象を考えるたびに、一見治療の妨害要因に見えるものも、背後に治療促進要因を秘めているし、また表面上、治療が進んでいるように見えてもそれが妨害要因になっていく場合もあるということを痛感させられます。そう見てみると、「禍福は糾《あざな》える縄の如し」ではないですが、促進と妨害要因は表裏一体なのかもしれません。いずれにせよ、こうした抵抗現象から、治療の促進になるものは伸ばしていき、妨害になるものでも促進に変えていくように工夫する必要がセラピストにはあるように思います。

◆6◆……本人以外の抵抗……◆

ここまでは、クライエント側の抵抗ばかり述べましたが、抵抗は何もクライエントや患者だけの専売特許ではなくて、家族やセラピストをはじめとして、クライエントに関わる関係者全員に、深く根を張っています。また人間だけではなく、構造面や状況面でも抵抗が大きく横たわっているのです。もちろん、これらの抵抗も取り扱い次第で治療の妨害要因にも促進要因にもなります。

(1) 家族の抵抗

家族の抵抗は、患者の抵抗とそう変わるわけではありません。過度に自分を守ろうとしたり、他者の侵入を防いだり、患者を支配しようとしたり、家族の秘密やルールをかたくなに守ろうとしたり、セラピストを恐れすぎたりして、治療に妨害となる行動をとりやすいのです。

家族は、治療やカウンセリングが始まると、治療の協力者になってくれたり、これまでの姿勢が変化して成長していく場合もあるのですが、逆に治療の進展によって、態度が硬化したり、混乱したりして、治療の抵抗になることがあります。また治療が進んでいるのに、悪化したとセラピストに文句を言ってくる時もあります。たとえば、クライエントが自主性を持ち、自分の意見を言いはじめた時、家族は反抗的になったとか、前より悪くなったと言ってくる場合などが、それです。

セラピストは、そういうことに対して、むっとしたり、なんとわかりの悪い家族だと思いがちになるかもしれませんが、家族の立場に立てばそれなりの事情と歴史があるので、理解のなさを家族のせいにしても、あまり生産的ではありません。

その時は、むしろ治療のチャンスだと見て、家族から「悪化したと思える点」「家族の考えている治癒像」などを聞きだし、そう思う理由をゆっくり探求していき、家族の苦労には敬意を表する、というのが治療的です。つまり、家族抵抗をきっかけに、家族との交流を深め、家族と治療同盟を結ぼうとすることが、治療的には望ましいことなのです。

ただ、それはうまくいく場合もあれば、そうでない場合もあります。家族は、本人と違ってより健全だという自負があり、一応社会生活を送れているということもあって、なかなか自分を見直したり、自分を変えにくいものです。その場合セラピストは、家族に気づかせようとか、家族を変化させようとするよりも家族の特性を見抜き、そうした性質・態度をどう治療に生かすかを考えるほうが治療的です。基本は、家族との信頼関係の確立であり、家族の持つ治癒力を引き出すことなのです。

この家族の持つ治癒力の引き出し方については、第七章「家族との関わり」で詳しく述べます。

(2) 治療者の抵抗（逆抵抗[31]）

a. 治療は苦労の連続

家族だけではなく、セラピストの側にもたくさんの抵抗が生じます。治療者抵抗の内容や性質は、基本的には患者や家族のそれと変わるところはありませんが、セラピスト独特のものもあります。たとえば、先に、セラピストがクライエントに関心を持ちすぎる時の危険性について述べましたが、これなどは治療者抵抗の最たるものです。

セラピストも患者、家族と同じく、一人の傷つきやすく、怯えやすい人間の一人であり、その意味で治療者抵抗は必ず伴うのでしょう。たとえば、クライエント（それと治療作業）に対する嫌悪、拒絶、恐れ、退屈、うんざり感などを考えれば、治療者抵抗はありふれたものだとわかるでしょう。

さらに、治療とは苦労の連続であり、途中で疲れが高じたり、投げ出したくなったりもしますが、当然これも逆抵抗となるのでしょう。

b. 治療者抵抗の例

この逆抵抗については、続編など別の機会にとりあげますが、とりあえずは、どんな逆抵抗があるか思いついたところだけ記しておきます。

①クライエントに対して、想像力が湧かない。退屈さを感じる。眠気を感じる。
②いい知れぬ嫌悪感を感じる。面接に重荷を感じはじめる。「次は来て欲しくない」「予約をキャンセルしてくれたらいいのに」「もう、これで中断になって欲しい」といったことを感じる。
③恐怖感を感じる。「わけのわからない文句を言うのでは」「些細なことで治療者を訴えるのでは」「暴力を振るわれるのでは」「自宅に押しかけられるのでは」「電話をしょっちゅうされたりするので

は」「ストーカーのようにつきまとわれるのでは」といったこと。または「自分の精神がおかしくなるのでは」「とんでもないミスをするのでは」「こんなに苦しいのが続くと自殺に追い込まれるのでは」と感じる（これが高じて実際に自殺企図をしたり、自殺としか思えないような行動化をとる治療者もいる）。

④治療の見通しがつかない。自信がなくなる。自分には治療者の資格がないと思い込む。

⑤治療やカウンセリングに興味が持てなくなる。なぜ、カウンセラーになったのだろうと後悔しはじめる。もう、セラピストをやめようと思う（実際に治療の時間を少なくしたり、セラピストをやめたりする）。

⑥クライエントに敵意や怒りや憎しみを感じる。「いっそのこと死んでくれたらいいのに」と思ったりする。

⑦クライエントに優越感や劣等感を過度に感じすぎる。羨望を強く感じる。

⑧面接中に居眠りをする。面接中、面接後、いい知れぬ疲労感に襲われる。

⑨治療者のほうが遅刻したり、予約を忘れたりする。ダブルブッキング（二重予約）をしてしまう。

⑩クライエントからの批判を怖がりすぎる。クライエントからの文句や批判、非難をすぐクライエント側の抵抗だと決めつける。

⑪あるクライエントのことを話題にしたがらない。他のセラピストに聞かれても、通り一遍のことしか言わない。そのクライエントの話を避けたがる。

⑫クライエントに関心を持ちすぎる。クライエントとの面接を楽しみにする。クライエントに対す

る空想に耽りすぎる。
⑬クライエントに好意を感じる。クライエントともっと親密になりたいと思う。早く治療が終わって、クライエントが自立して、その後、自由な交際ができたらと思ってしまう（治療中であるのに、クライエントと後で有害になる可能性の高い私的関係を持つ）。
⑭クライエントを離したがらない。必要もないのにクライエントとの治療の継続を望む。他のセラピストへの紹介を断る。
⑮セラピストが宣伝しすぎる。クライエントに売り込みすぎる。「この人を治せるのは自分しかない」と思い込む。治療の自慢をする。クライエントが、今までのセラピストの悪口を言う時、それを嬉しそうに聞く。
⑯クライエントを誉めすぎる。クライエントに媚びようとしている。クライエントに従いすぎる。クライエントの要求を断れない。
⑰クライエントに誉められることを治療者が喜びすぎる。もっともっと誉めてもらいたいと思う。
⑱あまりに早く治療契約をしようとする。治療の構造化を焦りすぎる。早くクライエントとのルールの確立や約束の取りつけをしようとする。クライエントに処罰的なことを言いすぎる。クライエントを支配しようとする。
⑲あるクライエントのことを喋りすぎる。そのクライエントとの治療を自慢したいために事例検討会に出したりする。
⑳治療原則に忠実すぎる。自由な発想を持てない。逆に基本的原則や倫理を無視しすぎる。

㉑クライエントに処罰的になりすぎる。
㉒逆にクライエントに優しすぎる。面接料を不当に値下げする。
㉓クライエントからの電話によく出る。治療場面以外でも会ったりする。
㉔早すぎる終結をしたり、逆に治療を長引かせる。

といった具合です。

c．治療者の抵抗に対して

重要な点は、今挙げた治療者抵抗（逆抵抗）に対して、どうすれば、クライエントの利益になるかということですが、この逆抵抗をまず感情レベルと行動レベルに分けて考えるとわかりやすいと思います。

たとえば、セラピストが、クライエントや治療そのものに感じる、退屈、眠気、嫌悪、重荷、恐怖、無力感、自信喪失、セラピストとしての自己否定、敵意や怒り、羨望、疲労感といった陰性感情や、関心、興味、好意、関係持続欲求、喜び、私的欲望などの陽性感情は、一応感情レベル（生理的反応レベル）ということですが、これらは治療をはじめるとごく普通に湧いてくる感情です。

それゆえ、まず第一は、これらの感情がどの程度自分を占めているかを明確にすることが大事になります。明確にできなければ、仲間やスーパーヴァイザーに聞くといいでしょう。

第二は、これらの感情はごく自然な当然の感情だと認識し、これらの感情を尊重することが大切です。初心者は、こういう感情に罪悪感を抱きやすいものです。もちろん、その罪悪感も自然な感情ですが、いずれにせよ、その罪悪感も含めて自分の感情を冷静に大事に見つめていくことが肝要なのです。

第三は、その感情がどこから来ているのかを探っていくことです。多くの場合、それはクライエントの状態から来ることが多いようです。たとえば、セラピストが治療に無力感や絶望を感じたりする場合は、たいていクライエント自身が無力感や絶望を感じていることが多く、それらをセラピストに移し替える（苦の移し替え、投影同一視）ことで、セラピストのほうがそう感じさせられていることがしばしばなのです。

このような時、初心者のセラピストはどうしても自分に責任があると感じてしまいやすいのですが、それでは大局を見誤りやすくなります。逆抵抗は抵抗と同じく、セラピストとクライエントの合作です。このあたりを正確に詳しく見きわめたいと思うなら、スーパーヴァイザーとの話し合いが有益になります。

第四は、その感情が治療に持つ意義、あるいはその感情の治療におけるメリットやデメリットはどのようなものか、その感情は今後どうなりそうか、またはその感情は今後有害な行動を引き起こしそうか、反対に治療のプラスになりそうか、といったことを考えることです。

すなわち、逆抵抗の感情を、治療にどう利用するかを考えるということです。このように考えると、逆抵抗は、ほとんど逆転移と同じといってもいいでしょう。

第五に行動レベル（セラピストの居眠り、遅刻、私的関係など、逆転移感情を超えて逆抵抗行動にまでいってしまう段階）まで、逆抵抗が至ってしまった時は、ただちにその行動の危険性（まれに有益なこともあるが）を見立て、それを抑制できるかどうか考え、できなければセラピストの交代などいろいろな手段を講じたほうがいいでしょう。

その後は、逆抵抗行動の起源を考え、十分な内省を行うことが必要です。その場合、ややもすると、いたずらに自分を責めてしまいがちですが、それを今後の治療に生かすにはどうしたらよいかを考えるほうが生産的です。ただ、自分一人だけで考えるのが難しい場合には、スーパーヴァイザーが必要です。

このように逆抵抗は、行動レベルまでいくと有害な結果をもたらしやすいですが、感情レベルだと、それを見つめることで治療のプラス〈逆抵抗にあって、はじめてクライエントの真実がわかる、どこが治療の行き詰まりかわかる〈行き詰まりの部分は治療の核心部分だから、治療の鍵を得ることになる〉〉に転化できるのです。

だから、逆抵抗や行き詰まりは、治療やカウンセリングの転換点や出発点になるのです。

(3) 構造上の抵抗

今までは、クライエント・家族・セラピストといった人間にまつわる抵抗について述べてきましたが、抵抗というのは、治療という新しい流れに対する一種の古い体制のようなものですので、構造面での抵抗ももちろん存在します。

a．構造的・状況的妨害要因の例

この治療構造の問題に関しては、多くのことが関係するのですが、ここではまず妨害要因になりそうなところを列挙してみます。

①病院全体に治療的雰囲気がない。心の病の患者、特に精神病や境界例・人格障害は治らないとの

決めつけや、どうやってもしようがないという無力感が、病院全体、精神科全体、組織全体を被っている。院長、上司をはじめ、スタッフが治療に無関心である。
②院長や理事会が営利中心主義である。
③逆に治療には熱心だが、常に経営が危機に瀕しており、スタッフ全体が不安である（理想に走りすぎる場合にこうなりやすい）。
④スタッフの労働条件がよくない。スタッフの働きやすい職場になっていない。
⑤スタッフ同士の連携がよくない。仕事を押しつけ合う。陰口が多い。無責任である。
⑥カウンセラー・臨床心理士と精神科医との連携がよくない（コミュニケーションがない。あっても一方的支配的。責任や役割の分担が明確でない。チーム医療の根幹である「互いに支え合う」という精神に欠けるか、未発達）。
⑦事例検討などスタッフ同士の実のあるミーティングが少ない。検討会や会議があっても、表面的、形式的で、重大なことや本音がなかなか話されない。
⑧職場に行く時、うんざりした、嫌な気持ちで行くことが多い。
⑨上司が非難ばかりする人で、育てるということろがない。
⑩逆に上司が、部下の御機嫌とりばかりして、注意すべきところが注意できていない。
これも、まだまだあるでしょうが、この辺にします。

b. 構造上の抵抗に対して

これに対する対策は、クライエントやセラピストの抵抗を扱うよりもっと難しい問題を含んでいるようです。というのは、今挙げた構造上の抵抗は、長年の歴史の積み重ねの結果、出来上がったものなので、そう簡単に変わるものではないからです。下手に変えようとして、何の策もなく動くと討ち死にするだけです。

だから、こういう点に関しては、まずじっくり観察するところからはじめ、自分の今できることとできないことの区別をしていくということになるでしょう。

それとともに、この構造的問題を真剣に話せそうな仲間を見つけられるかどうかも鍵になります。

ただ、病院や組織、学校全体は治療的（成長促進的）雰囲気ではあるが個々の関係において問題があるという場合は、それを話し合うことで、互いの抵抗が減り、治療促進的な関係になることがあります。だから、構造や関係において問題を感じた場合は、やりやすい、大事なところから手をつけていけばいいのでしょう。これは一般の治療と同じことです。

(4)　社会的抵抗――偏見など

これは、国民の偏見や心の病に対する意識、あるいは行政の問題、社会・経済状況（景気の良し悪しなど）といったことです。たとえば、健康保険制度における精神療法の点数が低すぎるとか、（臨床心理士の行う）カウンセリングや心理療法に対する公的扶助のようなものがない（そのせいで、低所得者層はせっかくの素晴らしいカウンセリングを受けられないでいることが多い）とかいったことも含みますが、これは問題が大きくなりすぎるので、また別のところで論じたいと思います。

［第四章の要約］

・抵抗現象は、患者だけのものではなく、家族、セラピスト、関係者に広く見られるし、また関係や構造上の抵抗もある。
・抵抗は妨害要因でもあるが、重大な治療要因でもある。ただし、治療要因にするには、大事な取り扱いが必要である。
・抵抗と逆抵抗は、表裏一体の関係である。抵抗の正体をつかむには、セラピストは自身の心を見る必要がある。つまり抵抗の分析とは、逆抵抗の分析である。したがって、治療とは、セラピストが自分の心を見つめていくことである。
・抵抗は、それを除くというより、それを見つめ、時に大事に育て、それが治療上、有益になるよう育てるといったことが大切である。
・構造上・社会上の抵抗はすぐにはどうにもならないことが多い（ヒトラーのフロイト迫害の例）。しかし、あきらめずに、じっくりと自分のできることを探すことが大事である。

第五章

治療における個々の営み

第三章では、傾聴・受容・共感・理解・関心・支持という基本的、受動的な治療、カウンセリング姿勢について述べました。この第五章では、もう少し能動的、介入的、積極的で分化した関わりについて述べていきます。ただ、以下の「能動的関わり」も、基本的には、第三章の基本的営みと変わることはありません。

◆1◆……明確化（clarification）……◆

(1) クライエントの話のわかりにくさ

クライエントの話はしばしばわかりにくいし、まとまりがなく、とびとびで、しかも同じことの繰り返しになって、セラピストのほうがイライラさせられます。したがって、話を明確にしたくなってくるのが、セラピストとしての自然な感情ですが、その前になぜ、クライエントの話がわかりにくいかについて考えてみます。

a．主体性の後退か、未熟さか

普通、健康な人は相手にわかるように話をするし（真剣な話の時は特に）、また相手に理解してもらえたかどうか気にしながら話すものですが、主体性が後退しているというか自己が弱っている場合（クライエントがはじめて相談に来る時は、危機的状況の時であり、主体の心的機能は衰弱している）は、そうはいかず他者を配慮することのない勝手な喋り方になることが多いです。すなわち、①主語や目的語をしばしば抜かし、述語同一的な文章になる、②文章が突然途切れる、③話題が突然変換する、④脈絡や関連なく喋る、⑤セラピストの質問に正しく答えない、といったような話し方になります。

要するに、精神分析で言う一次過程（無意識系の特徴で快感原則のみに従い、現実原則に従えない心的装置）が優勢になっていることが多いのです。これは重症例になるほど、その傾向が強くなってくると言えます。

b．無意識の攪乱

また、クライエントは、自分の症状の軽減を望み、核心の問題が解決されることを望む一方で、その核心に近づくことに怯えます。そのため、その話に近づくと無意識のうちに混乱して話が乱れるということがあります。つまり、怯えという治療抵抗により、話が混乱してくるのです。

結局、こうした事情により、クライエントが、何を感じているか、何を考えているかが不明確になっていることが多いのです。

(2) 明確化の作業

a．明確化の難しさ

だから、こうして不明確になっている話を明確にすることが必要になってくるのですが、傾聴・受容・共感が大事と教え込まれている初心者にあっては、なかなか、質問などの明確化の作業が行いにくいようです。もともと介入という作業が、対立的要素を含むこともあって、結構勇気のいる仕事でもあるからです。したがって、明確化を行わずにそのまま聴いていくことになりやすいのかもしれませんが、不明確なまま、話を聴きすぎることは有害になる場合もあるので、その点の事情をよく認識しておく必要があります。

この有害さは前にも述べましたが、①セラピストの理解は不十分なのに、クライエントが勝手に理解されたと思い込み、両者のずれがひどくなる、②クライエントは単に聴いてもらうより、理解されながら聴いてもらえることを望んでいるので、不明確なまま、理解されないまま聴かれると、クライエントの不満、不信が高まる、③セラピストもわけがわからなくなり、自信をなくしたり、自分が何をしているのかわからなくなる、④総じてカウンセリングが迷路に入り込みやすい、といった点がマイナスとなるでしょう。

b. 質問しすぎは問題

だからといって、ちょっとわからないところがあると、ただちにクライエントの話を止めさせ、質問ばかりするのもどうかと思われます。クライエントは流れを止められて不快になるだけでなく、もうカウンセリングを続ける気力もなくなってしまうかもしれません。

カウンセラーは、ある程度の不明確さに耐える包容力も必要かと思われます。

c. ほどほどの明確化が理想

したがって、無理のない「ほどほどの明確化」を試みるべきでしょう。すなわち、①タイミングよく適切な質問をしたり（クライエントはそれで自分の話が明確になってかえって喜ぶ）、②「誰が」「誰に」「何を」といった簡単な質問（クライエントに負担の少ない質問）をしたり、③適度に「ここはこういうことと理解していいですか？」と話を要約した後、相手の反応を見たり（クライエントは話を要約してもらって自分がこういうことを言いたかったのだとわかり、ほっとする）といったことになるのが理想と思われます。

すなわち、クライエントが「あのカウンセラーと話をすると、自分の考えが明確になり、ほっとする」と感じられるような明確化が大事なことになってくるのだと思われます。

d．極端を排する姿勢

そのような理想はとても難しいという声が上がりそうですが、確かにその理想の実現は簡単でないかもしれません。そう考えると、大事なことは、理想的な明確化を目指すというより、二つの極端（不明確なままに置きすぎる、明確化しすぎる、明確化を急ぎすぎる）を排するという姿勢でいくのが無理のないところかもしれません。そして、この極端を排する姿勢を続け、試行錯誤を繰り返していくと、自然に理想に近づいていくようにも思われます。

こうしたことは、すでに二〇〇〇年以上も前に説かれた、仏陀の言う「中道」の教えにほかならないのです。

e．感情や考えの明確化

それから、話そのものは、一応明確ではあっても、そのクライエント自身の気持ちや考えがなかなかはっきりしない場合があります。これは、主体性後退の結果かもしれませんし、抵抗のせいかもしれませんが、いずれにしろ大事なのは、こうした場合でも、あまり明確化を急がず、自然なほどほどの明確化を心がけながら、適度に質問を投げかけておくのがいいと思われます。

◆2◆ 直面化

クライエントが、自分の歴史や現在、自己の感情や考えを明確にしたとしても、まだそれらに向き合ったわけではありません。そういう考えを持っているというだけで、それらに直面することを避けることが多いのです（これは、もちろん主体性後退や抵抗のせいなのだと思われますが）。

しかし、それではクライエントの問題は解決しません。カウンセリングが役立つためには、こうしたことに対して向き合う、すなわち直面化が必要なのです。

たとえば、「あなたは、これら（自分の気持ちや考え）の中で、どれがいちばん大事だと思われますか？」「あなたは、これらのことをどう考えますか？」「これらの気持ちは矛盾しているように思われますが、どうですか？」といった形で質問して向き合ってもらうことが必要になります。あるいは「この点は、不思議な気がしますね」という言い方をして、そこに注意を向けさせるのも一法です。

直面化は、一面、対決的なところを含むので、性急にやると治療妨害要因になるでしょうし、逆に、本人の葛藤に対する直面化や対決をためらっていると、カウンセリングは停滞することになり、クライエントは物足りなさを感じ、治らないまま中断ということになりかねません（カウンセリングには、この種のジレンマが絶えずつきまといます）。

したがって、明確化と同じく、ほどほどの直面化を目指すことを考えればいいのではと思われます。

ただ、質問をしなくても、セラピストのほうが、本人の抑圧された感情や葛藤の大事さに気づいていれば、両者の話は自然とそれらの葛藤・感情に向かい、知らず知らずのうちに、クライエントも自己の問題に向き合う（直面する）方向にいかざるを得なくなるようです。

◆3◆……解釈（Deutung, interpretation）……◆

(1) 解釈――理解を深めるための説明

解釈とは、クライエントの発言の意味・内容を理解、判断し、説明することです。理解が、安心感や余裕や「他者とのつながり感」をもたらし、自分の人生の意味や目的を明らかにしてくれるなど、貴重な治療的要因になることは先述した通りですが、解釈とは、理解をより一層深めるための説明・判断と言ってもいいかもしれません。

(2) 解釈の対象、方法、時期

a．解釈のやり方は自由

解釈とは、クライエントの自己理解を助けるものだから、いつ、どんなやり方でやってもいいと思われます。ただ、フロイトは「転移や本格的な交流が形成される以前に言ってはならない」と言っていますが、それはそれで正しい面があります。というのは、解釈という作業が、時に厳しい内容を含むために、ある程度、セラピストとクライエントとの関係が成立していないと、解釈をまったく受け入れてもらえないという事態が生ずるからです。

ただ、このフロイトの意見は正しい面もあるのですが、筆者の経験からすれば、逆に、交流や関係の深まりを必要とするために解釈が必要な時もあるのです。たとえば、カウンセリングに来ているのに、クライエントがもじもじして何も言わない場合があります。そんな時、セラピストが「何か言いにくそうですが、カウンセリングで話すことにためらいがありますか？」と聞く時がありますが、これはもうすでに解釈的質問です。相手がうなずいた後、セラピストが「当然ですよね。今まで誰にもあまり言ったことのない話をするわけですから言いにくくて当たり前ですよね」と言ったとしたら、これはもう完全な解釈です。しかし筆者の印象では、これで安心して話しはじめる人が多いようです。この話し合いのはじまりは、関係成立の開始でもあります。

通常、この種の質問は、セラピストがあまり意識しなくても出てきますが、いずれにせよ、解釈というのは説明であり、意見表明であるので、必要と思ったり言いたくなればいつ言ってもいいと思われます。

ただ、解釈には、役に立つ解釈と有害な解釈があるので、それについて次に述べます。

b. 役立つ解釈とは

［役立つ解釈の典型例］

役立つ解釈とは、さまざまなものがありますが、いちばんの典型例を挙げてみると、次のようなことになります。

①クライエントに理解され、クライエントも納得する。

②それによって、クライエントの疑問が解決し、すっきりする。心の整理ができる。
③クライエントの視野が広がる。より自由な感じ方、考え方ができる。こだわりやとらわれが減る。あるいはこだわりから解放される。
④葛藤が解決される。葛藤はあってもかまわない、むしろ葛藤こそ生きる源泉だと思える。
⑤今後の方向性が定まる。迷いの中にいたクライエントが道筋を見出す。
⑥気づく喜びをクライエントが感じる。つまり「ああ、そうだったのか！」と気づく体験であり（「Aha experience」とも「ああ、そうだったか体験」とも呼ばれる）、そこにはなんとも言えない喜びや幸福感が伴っている。
⑦実際に生き方や対人関係に良き変化がもたらされる。
といった解釈が役立つ解釈なのでしょう。

［役立つ可能性のある解釈］

今挙げたような、確実に直接的にすぐに効果が出てくるような解釈だけを有効な解釈というのではありません。たとえば、次のような例はどうでしょうか。

①すぐに、クライエントに理解されなくても、その後、ある機会にはっとクライエントが気づくような解釈。その時、ほとんどわからなくても、何か印象だけを残した場合。その時、猛烈にクライエントが反発し、関係が悪化するが（ひどい時には中断もある）、後で「あの先生は、いいことを言っていた」と気づく場合（クライエントが理解を深めるのは時間がかかる）。
②解釈によりクライエントがますます混乱するが、収束した時、理解が深まっていた場合（「この

混乱は、より深く気づくためには必要であった」と、時にクライエントが述べる)。
③同じく、状態が一時悪化するが、結果的には、視野の拡大、自由性の獲得、心の整理、行動の変化などが得られる場合。
④解釈を下したセラピストに反発して、別のセラピストに移った時、その解釈を自分で気づいたものとして言うが、実際に良い変化を来した場合。

ということもあるでしょう、こういうことを考えると、表面的、一時的結果だけで判断してはいけないことがよくわかります。

逆に、解釈が一時的に役立ったとしても、長い目で見れば治療を阻害する要因になっている場合もあるので、本当に役立つ、役立たないの判定は難しいものがあります。

［有害な解釈］

完全に役立つだけの解釈もなければ、完全に害だけの解釈もないと思われますが、やはり、これは有害だなと思わせる解釈（説明、意見）があります。それは、事実に合っていなくて、独りよがりで、頑固で、一面的で、クライエントの気持ちを考えず、押しつけや威嚇を含んでいるような解釈です。

極端に言えば、何でも抵抗と決めつけたり、症状をすぐに幼児期の心的外傷と結びつけたりする解釈です。ただ、間違った解釈や説明は、何も分析家やカウンセラーがするだけではありません。医師も同じようなことをやるようです。たとえば「あなたのうつ病は、薬できれいに治ります」とか、統合失調症の患者・家族に「薬は一生のむ必要があります」といった説明の有害性（前者では薬だけでは治らない患者が現実には多くいること。後者では、一生治らないと思って絶望的になる）を考えればよくわかるでしょう。

c．解釈の材料、実例

続いて、何を解釈するかということになりますが、それはさまざまです。順序から言えば、今いちばん重要なこと、緊急性が高いこと、必要とされていることからと言えますが、少し例を挙げてみましょう。

①症状の原因、意味、目的などについて

・「気にしすぎて、確認しすぎるという強迫症状は、今の自分の自信のなさが反映しているかもしれませんが、どうですか？」

・「この強迫症状は、小さい時、お母さんが不安がって、あなたを自由にのびのび行動させなかったことに原因があるかもしれませんが、どうですか？」

・「この強迫は、ほどほどであれば、慎重で注意深くさせてくれるという目的を持っているように思いますが、どうですか？」

・「強迫行動がいきすぎないようにすれば、いいと思うのですが、どうですか？」

このように、疑問形で聞くのがいいでしょう。解釈はあくまで仮説であり、セラピストの意見にすぎないわけですから、それを押しつけるよりも、解釈をめぐって話し合い、役立つ認識がクライエントの中で醸成されることが大事だからです。

ただ、場合によっては、特に精神病レベルの時には、「確認のしすぎは、あなたの自信のなさから来ている」と断定的に言ったほうがいい時もありますが、まずは疑問形で聞くのが無難です。

②抵抗の解釈

・（カウンセリングに熱心でないクライエントに対して）「カウンセリングは貴方にとって役に立ちそうですか？　無意味でしょうか？」「何か自分の思っていたカウンセリングと違うのでしょうか？」「今のカウンセリングに何か不満がありますか？」

・（欠席が目立つクライエントに対して）「このごろ、欠席が多いようですが？」

↓（認めた場合）「何か、欠席が多いことに関して思いつくことがありますか？」

↓（思いつかない場合）「普通は、カウンセリングに不満や疑問や恐れなどがある時に、欠席が多くなるのですが、どうですか？」

こうしてカウンセリングに期待する反面、恐れがあることがわかり、その恐れについて話し合うことや、恐れに対してどうしていくかが治療課題となり、カウンセリングは一歩前進することが多いようです。

③転移・治療関係の解釈

・（カウンセラーに不信感を持っているように感じられた場合）「私（カウンセラー）や私のやり方について心配な点がありますか？」

・（カウンセラーにかなりの幻想を抱いている場合）「私（カウンセラー）にどんなことを期待していますか？」

↓（とてつもない期待を抱いてる場合）「失礼ですが、私のことを神のように思ったりすることがあるんでしょうか？」

↓（肯定した場合）クライエントの理想化や投影同一視が話し合われ、それに対するクライエントの気づきや現実感覚が深まることが多いようです。

↓（否定した場合）「それはよかったですね。私は神様でも、何でもなく、普通の人間ですから」とあっさり答えておけばいいでしょう。それ以後、クライエントが、セラピストを理想化しなければそれはそれで治療が前進したことになるし、もし理想化が再び出現したら、「今の言い方は、私を神様扱いしているように感じるのですが、いかがですか？」と再び問えばいいと思われます。
④クライエントの癖やパターーンの解釈
・（過剰適応をしているクライエントに対して）「人並み以上に頑張っているように見えますがどうですか？」
↓（肯定した場合）「どうして、そんなふうになるか思いつくことがありますか？」

↓（「わからない」と言った場合）「あなたに当てはまるかどうかわかりませんが、人の評価や賞賛が欲しいために頑張りすぎるということが普通あるようですが、どうですか？」↓（「確かにそうなんです。私、誉められたくてしようがないんです。浅ましいと思いながら、ついつい、その考えに引っ張られるんです」となった場合）セラピストは、一つの意見として「評価されたい気持ちは誰にでもあり、それは生きる上でとても貴重で大事なものであること、しかしいきすぎるとマイナスもあるので、『評価され願望』をどう使いこなすかが大事」といった話をすると、一応肯定し、今まで、両親にも同じような態度をとっていたところまで話が進んだという例があります。

⑤行動化の解釈

・リストカットをしたクライエントにその原因を聞く→（「全然わからない」と言う場合）その前後の出来事・行動を詳しく聞き、友達が志望校に受かったこととリストカットが関係することが治療者に推定された時、「友達の合格を聞いた時、どんな気持ちだったのかな？」と聞く→（クライエントが「すごく、ショック」「取り残された感じがした」と言う）「その気持ちがして、その後どうなったのかな？」→（「すごく苦しくなって、ぼーっとしてしまいました、気がついていたら切っていたんです」と言う）セラピストは「『取り残され感』『見捨てられ感』がリストカットと関係し、そうした気持ちをどうするかが今後の課題になる」と意見を言うと、クライエントは合意したといった例があります。

⑥絶望感の解釈

絶望とは「望みが絶たれる」または「望みを絶つ」ということであるから、その人その人の望みによって多くの絶望があることになり、したがって、多くの絶望に対する解釈が出てきます。

初心者は、絶望を表明されると、慌てて励ましたり、逆に黙ってしまったりということになりがちです。それはそれでプラスになる場合もないではないですが、クライエントは深く追い込まれていることが多いので、そういうことではカウンセリングは進展しないことがしばしばです。

絶望しているクライエントに対しては、まずその絶望感を貴重なものとして慎重に受け取り、その絶望感やその背景を共同探求するのがいいでしょう。その探求という共同作業の中で、解釈ということが自然に行われます。そうした一例を挙げてみます。

〈長年、母との共生関係にあった三九歳の独身女性Dが、その母を癌で亡くす。絶望した患者は知人からカウンセリングを勧められてやってきた。しばらく、彼女の歴史や今の気持ちを聞いていった後、セラピストとDは次のような話し合いをした〉

D「もう絶望です。何の望みもありません。早く死が訪れてくれるのを待つだけです」

セラピスト「母を失って絶望するのは自然でしょうが、母のために、母の分まで生きようと思う人もいると思いますがどうですか？」

D「私の場合は違います。私には母がすべてでした。母がいなくなると私もなくなります」

セラピスト「一人立ちできてないということですか？」

D「そうかもしれません。でもいいんです。母なしの人生なんて考えられませんから」

こうした話し合いだけで、このセッションは終わりました。Dは一見、セラピストの解釈を受け入れていないようですが、この後、徐々に、「母の死を受け入れること」や自立がテーマになってきて、それとともに絶望感は薄らいでいったのです。

⑦希死念慮の解釈

「死にたい」理由もさまざまですが、多くの場合、絶望が横たわっていることが多いようです。したがって、そう緊急性のない場合は、絶望感に対するのと同じような話し合いになることが多いです。といっても、個々人によってそれこそ千差万別ですが、ここでまた一例（事例E）を挙げてみます。

〈Eは、優秀だが、内向的で人付き合いの少なかった二九歳の独身女性。彼女は、いくつかあった自己実現の機会をうまく生かせず、自分のような性格では死ぬしかないという絶望感と希死念慮でいっぱいだった。以下はセラピストとEの対話〉
セラピスト「確かに、これだけつらい気持ちでいたら、何の希望も持てませんよね？」
E「ええ、そうでしょう。だから、もう私のことになんか、関わってもしようがないんです」
セラピスト「ただ、話をうかがっている間にこんな連想も湧いてきました。しかし、とても貴女を傷つけてしまうかもしれないのですが、伝えてよろしいですか？」
E「ええ、どうぞ、私は、もう傷ついていますから」
セラピスト「つまりね、あなたの考えには、いい点もあるような気がしたんです。というのは『将来に期待しない』ということは、変な欲望を持たなくていいし、それだけ不安も煩悩もない。それに、期待していなければ将来うまくいかなくてもそんなにガクッとくることはない。『また人との交際を避ける』というのは、煩わしさから逃れて、一人でいることの気楽さを得られることになる。それに、何よりも自己否定が強いというのは、自分をより深く見つめることができる能力の一つであるし、他者への不信感は、他者からの不用意な侵入を防ぐ意味では大変有効だと思う。結局、あなたは、こういう点で自分を守っていたのではないですか？」
E「（びっくりした顔をして、しばらく考えながら）……先生、どうして、そんなことがわかるんですか。実は、ひそかに私もそんなことが頭をかすめることがあったんですけど、今日、先生にはっきりそう言われてそんな気持ちを自分が持っていることがよくわかりました」
という話になりました。もっとも、この後も根強く自己否定の気持ちが襲ってきましたが、セラピストとの対話を重ねる中で、少しずつ自己肯定の部分が育ってきて、結局人生は自己否定と自己肯定の闘いであるということ、自己否定にも意味があることがわかってきたようでした。ただ、この治療者の解釈は、この彼女と、この場面でうまくいったというだけで、このような positive reframing（肯定的意味づけ）の乱用は慎みたいものです。

⑧沈黙に対する解釈

［沈黙を味わう］

初心のカウンセラーは、希死念慮と同時に、クライエントの沈黙を嫌がるようですが、実は沈黙は治療のチャンスでもあります。初心者は、沈黙によってカウンセリングの進展が止まったように思ったり、重苦しい雰囲気を感じたりするようですが、いずれにしろ沈黙に出あった時には、じっくり、その沈黙を、自分の心の中で検討することです。

すなわち、この沈黙の原因や意味、沈黙の背景に何があるか、といったことや、沈黙しているクライエントの気持ちを思いやることが大事です。またクライエントの気持ちを推測するには、カウンセラー自身の気持ちを見つめることも大事です。沈黙を嫌がるカウンセラーは、なぜそれが耐えられないのか、なぜそれを治療の停滞だと思うのかをじっくり考えることが大切です。

経験から言えば、沈黙を味わうことはとても治療的です。なぜなら、その沈黙の中に、クライエントの問題も歴史も集約されているからです。また、今述べたように、沈黙中に起きてくる、治療者側の連想や感情状態の把握も大事です。カウンセラーは、沈黙に対して、どの程度緊張するか（かえってリラックスする場合もあるが）、その緊張の背景に何があるか、カウンセラーは沈黙を嫌がっているかそうではないか、嫌だとしたらその原因は何かなど、要するに沈黙を出発点にしてアクティヴ・イマジネーションを繰り広げることが大事なのでしょう。「沈黙は金なり」とはよく言ったものです。

沈黙に関してはクライエントの問題がわかるだけではなく、クライエント自身が安らぐといった側面もあります。つまり、カウンセリングとは話すだけではなく、ゆっくり静かに時の流れるのを味わうものでもあるといった感じをクライエントが持て、それだけカウンセリングに幅を持たせることができます。またカウンセラーが静かに落ち着いて沈黙を守ってくれていることで、話している自分だけでなく、黙っている自分も受け入れられているという感覚を持て、安心感が深まる場合もあります。

ウィニコットは「わたしたち（カウンセラー）が待つことができれば、患者（クライエント）は自らのペースで、わたしたちを客観的に認めることができるようになる」と記していますが、確かに沈黙の中で認識を深めるクライエントも結構多いようです。さらに、カウンセラーが沈黙を守ってくれることで、クライエントは、深く尊重されている実感を持てる場合が多いのです。

だから、沈黙に対しては特に解釈とかを抜きに、クライエントのそばでじっと見守っていることが大事なことが多いようです。

［沈黙に対して解釈したほうがいい時（悪性の沈黙の場合）］

ただ、このように良性で穏やかで生産的な沈黙もある一方で、悪性の破壊的な沈黙もあるのは事実です。

つまり、クライエントの沈黙の中に敵意や不信、あきらめや絶望、恐れや過度の緊張といったものが認められた場合です。こういう場合は「この面接に何か疑いでもあるんでしょうか」とか「あきらめきっておられるんですか」「治療者に頼ってもしようがないと思っているんですか」「怖いんですか」などと言ってあげてもいいように思われます。この時は本人に向かって言うより、独り言のように空間に向かって言うほうがいい時もあるでしょう。このように言うことで、本人のもっとも伝えたかった、不信・絶望・恐怖・怒りといったものが話し合われ、それらが治療者との間で共有されることになり、治療が進むことがあります（この点で、治療者、特に臨床心理士の人などは「本人が黙っている時はこちらも沈黙を守りなさい」という教えを教条的に固守しすぎている人が多いように見受けられるので、もう少し自由になってもよいと思われます）。

つまり、沈黙には豊かで生産的な沈黙と、悪性で破壊的な沈黙、もしくはその両者が交わる沈黙など多種多様なものがあると思われます。沈黙の研究は単に治療場面だけではなくコミュニケーション一般や人間性の研究に大いに寄与すると思われますが、筆者としては、沈黙に関する研究がもっと盛んになることを願っています。

［治療者側にも二種類の沈黙がある］

ただ、敵意や不信といった妄想的ポジションの沈黙であっても、相手の敵意や不信がどの程度、沈黙の中で展開するかゆっくり見ていってやろうと思ったり、相手の絶望をしばらくじっくり味わおう、どのくらい相手の怒りに添えるか見ていこうという治療者側の気持ちがあれば、たとえ悪性の沈黙であってもじっと落ち着いて待っていればいいでしょう。やがて、沈黙がほどけてクライエントが本音を言えるようになった時、治療者の器の大きさにクライエントが感心していたことが明らかになるようです。ただし、治療者が過度に緊張し、混乱し、無理やり沈黙に耐えながら、じっと待っている場合は、待っていても生産的ではありません。こうした場合はたいてい不適切な中断に終わるようです。

このように、カウンセラーが沈黙を保つといっても、その保ち方には二種類のもの（実際はもっと多様）があるのです。だから、沈黙を保つといっても、これも「良性の沈黙保持」と「悪性の沈黙保持」とに分けられるようです。クライエントは敏感ですから、同じカウンセラーの沈黙保持に対してもそれがどのようなものかを直感で感じとり、前者の場合には安らぎを得られるようですが、後者の場合は怒りや絶望を強めるかもしれません。

［沈黙への対応］

要するに、「沈黙の場合はこうするのが適切である」とか「沈黙の種類によって対応を使い分けなさい」というマニュアル的発想はあまり役に立たないのであり、治療者はひたすら自分の感覚を頼りにするよりしようがないのです。

ただ、沈黙に限らず、治療者は待ちすぎる人と、待てなさすぎる人に分けられるような気もします。その意味では、待ちすぎる人は介入や解釈の仕方の練習を、待てない人には待つ練習をすると同時に自分のその特性がどういう起源を持っているかに連想を向けてもいいのでしょう。

結局、沈黙に関しては、あれこれ考えた後、単純に「黙っておきたければ、黙っていればいいし、話したかったら話していい。要するに自由自在に出たとこ勝負でやればいいのだ」と言ってもいいのかもしれません。

⑨非難、攻撃、怒り、責任追及などに関する解釈

［攻撃性の扱い］

沈黙と同様、非難や怒りに対しても初心者は戸惑うようです。そういうこともあって、初心のカウンセラーは、なるべくクライエントを怒らせないようにすることに腐心して、無難なカウンセリングに終始することが多いようです。それで、うまくいく場合はいいのでしょうが、ちょっとでも難しいクライエントになってくると、そういう無難なカウンセリングに不満を感じ、かえって非難・攻撃が向けられるといった皮肉な結果になることがあります。やはり、役立つカウンセラーを目指すのであれば、クライエントの問題にしっかりと向き合い、いざという時には対決を含んだ治療的働きかけをする必要があるのです。もっと言うと、非難は沈黙と同様、治療が展開するチャンスでもあるのです。相手の非難をじっくり聞くことにより、相手の誤解が解け、正しい現実認識が得られ、真の信頼関係や正しい治療目標が獲得できる場合も多いのです。

ただ、沈黙と同じで、怒りや攻撃性の取り扱いは大変難しい点が多く軽々しく扱うわけにはいかないので、やはりクライエントの攻撃性を治療のプラスにするはそれなりの経験と苦労が必要かもしれません。怒りや攻撃性に対する詳しい対応の仕方は他の拙著(2)に譲るとして、ここでは、クライエントがカウンセラーに「治っていない。どう責任をとってくれるのか？」と詰め寄ってきた場合の対応と解釈例を挙げておきます。

［治療者を非難してきた男性Ｆに対する解釈例］

Fは一八歳のころから、パニック障害（不安、動悸、呼吸困難など）、めまい・疲労感などの身体症状、現実感がないといった離人感、対人恐怖など多彩な症状で悩み、治療者を転々と変えていました。ただ、仕事は変わるものの、ある程度は働くことができ、現実検討の力もありました。

筆者が、二六歳になったFの治療を引き継いだころ、症状はかなりひどく仕事もできていない状態でした。そこで最初、薬物投与とカウンセリングを行ったところ、ある程度、状態は落ち着き、仕事に行けるようになりました。筆者は、「ちょっと良くなっても、カウンセリングに通うほうが自分の問題を見つめられ、治癒段階が上昇しやすい」と言いましたが、本人はあまり通うことなく、良くなると中断、悪くなるとまた来ての繰り返しでした。

そして、今回は三カ月ぶりにやってきて、前のような症状がひどいことを訴えた後、やや攻撃的な調子で次のように詰め寄ってきました。

F「通いだしてから二年もたつのに、ちっとも良くなっていない。いったい、どう責任を取るつもりなのか？」

カウンセラー「確かに、良くなっていませんね。それは認めます」

F「認めるだけでは困る。いったい、どうしてくれるのか？」

カウンセラー「そうですね。いい機会ですから、あなたの今の訴えを出発点にして、今一度症状や病気を見直してみませんか？」（「見直しの重要性」という解釈を疑問形で伝えている）

F「いいですよ」

そこで、二人で二年間の症状の変遷をたどったところ、悪い時だけでなく、良い時もあったことが、相互確認できました。
カウンセラー「前に良かった状態が、ずっと続くことを望んでいるんですね？」（万能感の解釈）
F「当たり前です。わかりきったことを聞かないでください」
カウンセラー「失礼しました。ただ、私は、患者さんと共同歩調で進みたいのでつい当たり前と思える質問をするようです。それで、この良い状態を続けるにはどうしたらいいか、悪い状態に入ってしまう原因は何か、どうしたら悪い状態に入らないですむか、といったことについて、何か連想が湧きますか？」（自己検討の重要性の解釈）
F「そんなの、わかりません」
こうして、カウンセラーは今の症状の把握をすると、とりあえずは、身体症状に対する不安や抑うつ感が強いながらも、根本には対人恐怖と、またその背後にある自己の誇大感と劣等感が大きな問題点であることが浮かび上がってきました。本人は、それをある程度は感じているようですが、これ以上その問題に入ることに強い警戒感を示しているようでした。カウンセラーのほうも、これ以上突っ込んで、彼の攻撃性が、彼のコントロールを超えるところまで強まってはいけないと思い、かわりに次のように言いました。
カウンセラー「どうやら、悪い状態になってしまうのには、いろんな問題があるようですね？」（これは解釈的質問と言ってもいい。攻撃的な人には、このように疑問形で解釈を与えるほうがいい場合もある）
F「それは、そうですけど……」

カウンセラー「どうですか？　それで、最初の責任を取るという話ですが、この悪い状態に陥る背景と、その防止策をあなたとともに探っていくのが、この場合の私の責任の取り方だと思いましたが。もちろん、共同探求はあなたがしんどくなりすぎないようにやるつもりですが、いかがですか？」（これがもっとも伝えたい治療者の意見であり解釈であるが、この場合も疑問形で伝えている。これは相手を尊重しているということである）。

F「そうですね。そうしかないですね」

カウンセラー「それでは、どうですか？　一度、きちっと一〇回ほど、面接の予約をしてみませんか？　良くなったらやめるとかせずに」

F「いや、それもいいんですが。ちょっと考えさせてください」

その後、彼は定期的面接の予約には入りませんでしたが、今度は診察場面（筆者は、今度はカウンセラーではなく精神科医として会うことになった）で、いかに自分の弱点に触れられるのが怖いかを言語化しはじめました。治療者はもちろん、そうした彼の姿勢を尊重しました。その後、十分な改善には至っていないにしても、前のような悪化はなく仕事にも行き続けており、また治療者に攻撃的になることはなくなっています。

［事例Fの解説］（解釈に至る準備と疑問形で伝えることの重要さ）

この事例において、悪化の原因は、もちろん本人の怠慢が大きな要素を占めます。だから、治療者は「責任を取れ」と言われた時、いささかむっときて「良くならないのはあなたのほうが悪いんじゃないか」と言いたくなりましたが、それよりも、それを言うと喧嘩になって治療にならないだろうと思い、穏やかな話し合い路線で行こうと思ったのです。

その作業としては、①まず良くなっていないという事実を認める、②次に良かった時もあったことに気づかせる、③良い状態の持続願望を確認した上で、④悪い状態の原因を探る、といったことをしたのです。そして「責任を取るというのは、今の悪い状態の原因とその対策を共同探求することだ」といういちばん伝えたかった解釈を言えたのです。これにより、本人は、治癒を左右する要因が、少しは自分自身にもあるということを、実感を持って再認識したのではないでしょうか。

このように、いきなりカウンセラーの解釈を伝えるというよりは、それに対する準備をしながら、慎重に疑問形で伝えるほうが安全で、クライエントにも伝わりやすいということです。

しかし、どの場合も疑問形で伝えていいかどうかは、それこそ疑問です。主体性の著しく後退している精神病レベルのクライエントであれば、はっきりと解釈を肯定形で伝えるほうが、相手が戸惑わなくていいと思われます。

(3) 解釈の後の反応

a．解釈後の展開の予想

ここまで見てきたように解釈は多彩です。ただ、解釈が多種多様であるということだけではなく、解釈後の展開（クライエントの反応とそれに対するセラピストの反応、それらの相互作用の展開）もそれこそ千変万化であるし、どんなふうになるかおよそ検討がつかない時が多いのです。

ただし、そのような複雑な変化の中でも、なるべく有害に働かないようにということや、有益になることを願うなら、解釈後の反応をできるだけ多く予想しておいたほうがいいようです。それがたとえ当たっていなくても、予想することでセラピストの想像力（創造力）は豊かになるからです。もちろん、予想をするだけではなく、予想にとらわれない態度（どんな反応が飛び出してくるかを楽しみにする態度）も余裕があっていいのではと思われます。さて、そのようなことを踏まえて、解釈後の反応について、きわめて人為的ですが、次のように分類を試みました。

b．肯定的反応

普通は、解釈に対してクライエントが肯定的な反応を返したとすると、「よかった。解釈が当たって」と考えがちですが、実際はそんな単純なものではありません。だいたい解釈が当たる当たらないのレベルで議論すること自体がナンセンスなのです。

解釈で大事なのは、クライエントの反応を見ることです。もちろん有害な反応がないほうがいいので、正しくは「クライエントに対してなるべく有益な刺激を与えながら、その反応を正確に観察する」ということなのでしょう。

［有効な場合］（Aha experience）

解釈は「当たる当たらないで考えるべきではない」と述べましたが、解釈がずばり当たって有効な場合があります。たとえば、セラピストの言った解釈に対して、クライエントが心を動かされ、「そうか、そうだったのか」と感情を込めて納得し（先述の「ああ、そうだったか体験」「Aha experience」）、その後、視野が開け、気持ちが安らぎ、新たな生き方が実践できるような場合は、解釈が当たっているとして素直に喜んでいいのでしょう。これは、解釈に対するクライエントの肯定的反応が有効になる場合の一つです。

あるいは、すぐに受け入れなくても、その後で徐々にその解釈に気づき、ゆっくりとそれを受け入れていく場合があります。最初はその解釈を拒絶しているように見えながら、最終的には、その解釈に則って行動していき改善していったような例ですが、これも解釈が当たって有効な場合と言えます。

［引き出し型対応と直接解釈］

ただし、筆者の感覚からすると、セラピストに教えられたというより、セラピストと話し合っている間にクライエント自身で「正しい気づき」に辿り着いた、自分で考えられたと感じたほうが、治療的には有効で長持ちしやすいように思われます。だから、大事なことは、正しいことをセラピストが伝えるというより、正しいことに気づける場をセラピストが用意してあげること、なるべく有効で正しく適切なことはクライエントに言ってもらえるようにすることではないかと思われます。

しかし、そうした「引き出し型対応」よりも、ずばっとした直接解釈（たとえば、周りの人間に対して嫌悪感・不信感を持っているクライエントに「あなたが嫌っているのは、自分自身だ」と言うこと）のほうが、印象が鮮明でいい場合もあるかもしれません。しかし、それは当たっているにしろ当たっていないにしろ激しい反応を引き起こす可能性があるので、それへの対応策はあらかじめ持っていたほうがいいでしょう。この対応策を得るのは簡単ではないですが、①いつも、カウンセラーの働きかけに対するクライエントの反応を考えておくこと、②事例を多く体験し、いつも自分の関わりを振り返っておくこと、③仲間やスーパーヴァイザーに聞いてもらったり、事例検討会に提出することなどが大事になります。

引き出し型対応と直接解釈のどちらがよいかは、その時その場の治療状況やセラピストの持ち味によって変わってくると思われますが、いずれにせよ、これは大きなテーマです。

［感情がこもっていない場合］

ただし、現実はそのような正しい認識にクライエントが辿り着けるとは限りません。たとえば、セラピストの解釈・意見に対して、一応「もっともです」と言っても感情もこもっていないし、心の底から納得したかどうかがわからない時などがあります。こんな時は、セラピストの言ったことがあまり心に残っていず、次回からの面接では、セラピストの解釈など忘れてしまい、また同じことの繰り返しになるかもしれません。

そんな時には、クライエントが一応の肯定をしたら、「私の今言ったことが理解できますか？」「そのことに賛成できますか？」と聞くのも一法です。クライエントが再び「理解できる」「賛成できる」と言ったなら、「失礼ですが、どのあたりに賛成できましたか？」と聞いてもいいでしょう。また、「失礼ですが、心に響いたようですか？」と聞いてみるのも一つだと思われます。

いずれにせよ、こうやって治療者の解釈を出発点にしながら話し合いを深めていくことが大事です。良い解釈は、良質の想像力を刺激するものだからです。

［賛成するが、治療が前進しない場合］

クライエントが感情を込めて肯定しても、実際の日常生活に生かされていないことがあります。たとえば、重症のパニック障害のクライエントが「不安とともに生きる」という解釈に対して、肯定的反応をしたにもかかわらず、なかなか外出ができない場合、「前に、『不安を持ちながら行動していき、不安に慣れることが大事』ということで納得されていましたが、その考えは役に立っていますか？」と聞いてもかまわないでしょう。その時「理屈ではわかるんですが、なかなか実際となると大変です」となると、理屈のレベル、感情のレベル、行動のレベルでの「わかる」とはどういうことか、といったことを話し合えばいいと思われます。そこでは、実際の行動に移るまでが、どれだけ大変かを話し合うことで、その人の「行動の構造」がわかってくるしょう。

［解釈を受け入れるが、有害に働く場合］

クライエントが、セラピストの解釈を受け入れても、そのクライエントの自我が脆弱な場合（視野が狭くて考え方が固く、じっくり考え判断することができず、葛藤や嫌な考えに振り回されやすく、感情や行動のコントロール力が弱い場合）、その解釈が核心的であればあるほど、クライエントが傷つき、ひどい場合には自殺未遂にまで至ることがあります。あるいは混乱してしまい、精神病的錯乱状態になり、取り返しのつかない事態を招くケースも出てきます（もちろん、自殺未遂や、錯乱状態での入院などがその後の治療でプラスに転ずる時もありますが、だからといって危険な解釈をするのは考えものです）。

すなわち、クライエントが解釈を受け入れる余地（余裕、器）がないにもかかわらず、核心的な解釈をすると、たとえそれが当たっていても、危険で破壊的で有害な結果を招く可能性があるのです。あくまで、解釈は内容だけではなく、クライエントの力量やその時の状態、治療関係、セラピストの力量などを総合的に考えて、解釈すべきです。

総じて、正論がクライエントにとって重荷になるように、正しい解釈ほど危険である場合がある、ということを忘れないようにします。その意味では、「真に正しい解釈」とは、当たる当たらないより、その時のクライエントの波長に合った解釈なのでしょう。

C．否定的反応

［否定的反応がプラスになる場合］

初心者は、否定的反応にあうと戸惑うものですが（これが、解釈を恐れ、傾聴・表面的受容一本やり的態度を生む）、むしろ解釈に対して否定的反応が返って来るほうが手応えを感じられていい場合もあります。つまり、簡単に受け入れずに、一応セラピストに反発しながら自分なりにじっくり考えた末、ある種の結論（それはセラピストの解釈を受け入れることにおおむねなるが、半分の受け入れでもいいし、いずれにせよクライエントの役に立つ結論になればいい）を出したほうが、主体性のこもった本人なりの考えが生まれるので、そのほうが本人の治療のプラスになることが多いようです。

さらに言うと、本人の否定的反応には、多くの情報が詰まっていることが多く、それを検討することで、クライエントに役立つ理解が得られるようです。たとえば、否定的反応が返って来た場合には、セラピストの言ったことをまず「正確に聞き取ったのかどうか」「聞き取ってはいるが、内容が理解できているかどうか」「内容を聞き取り、理解はできているが、賛成できないのか」という形で推定し、クライエントとそのことを話し合ってみることが大事になります。

聞き取りが悪いとか理解が悪いというのは、治療妨害要因かもしれませんが、それを発見でき、話し合えたことは、その妨害要因克服の出発点になるでしょう。

賛成できないという反応も、それまでのクライエントの歴史の帰結の一つなのでしょうから、その反応の理由や構造をゆっくり探っていけばいいと思われます。すなわち、どの点が賛成できないかを探求することで、クライエントの理解は、一層広がるかもしれないからです。それから見れば、否定的反応というのは一種の「クライエントの主体性の現れ」であるかもしれず、無批判的にセラピストの解釈を受け入れる反応より、かえって治療的かもしれないと思われます。

［否定的反応が有害になる場合］

しかし、そうは言っても何でも否定的反応であればいいというわけではありません。的外れで有害な解釈によって、クライエントが心の傷を負ったり、セラピストへの信頼が大幅に損なわれ、治療関係が進展のないまま、あるいは悪化した状態で中断するといった事態は避けたほうがいいでしょう（最悪の事態は自殺とか、そこまでいかないまでも重大で破壊的で有害で取り返しがつきにくい行動化になる）。こういうことを考えると、否定的反応が返ってくることを覚悟しているから何でも言っていいとは限りません。やはり、クライエントの傷つきが最小限になるような言い方が望ましいのです。

［否定的反応のその後を見ること］（二つの例）

解釈が、その場面で受け入れられなくても、後になって受け入れられることがありますから、その後の様子を見ることが大事です。

《家庭内暴力の事例――事例Ｇ》

たとえば、家庭内暴力（不登校中）の男子高校生Ｇに「君は、親のせいばかりにして、自分で自分のことをなんとかしようと思っていない。もし、幸せになりたいなら、自分で動くべきだ」と言った時に、Gが憤然と「俺は、親のせいにしていないし、親からちゃんと自立している。そんなわけのわからないことを言うカウンセリングは信用できない」と言って、席を立ったという事例です。セラピストとしては、この直接的解釈に対する彼の否定的反応について、話し合いたかったのに、その後中断してしまい、内心がっくり来ました。しかし、それから五年後に、彼が彼女を伴って現れ、「うつ状態に陥っている彼女を診てくれ」という依頼で相談に現れました。彼女の話が一段落した後、五年前のことから今までを聞いてみると「あの時、先生に『自立していない』と言われ、めちゃくちゃに腹が立った。ただ、よく考えてみると先生の言ったことは、確かに正しい面もあることがわかった。でも内心ではなかなか認めがたかったし、痛いところをついた先生にすごく怒りを感じた。それで、いつか見返してやると思って、大検の予備校に入り、猛烈に勉強して、国立大学の英語学科に受かり、今英語でバイトもしているし、親とも問題は起こしていない」「今日、先生のところに、彼女を連れてくるのは少しためらいがあったが、あれだけずばっとはっきり言ってくれる先生でないと治らないのではと思って、少し照れ臭いがやってきた」とのことでした。ということで、否定的な反応を来し、中断になったからといって悪い例ばかりではないのです。

《多重人格の例——事例H》

もう一つの例は、解離性障害（多重人格）の女性例です。セラピストは、治療のクライマックスで「あなたは、つらさを引き受けかねるので、別の人格に肩代わりさせている」という解釈を行いましたが、彼女は「私は、今までつらさを引き受けてきたし、今も引き受け続けている。そんなことを言われる筋合いはない」と言って、猛然と怒り、治療関係は中断し、彼女は別のセラピストに代わりました。その後、その別のセラピストとの間で「私は、今までつらさを引き受けることをあまりしてこなかった。これからは、なんとか引き受けることを課題にしたい。ようやく、それに気がついた。前の先生は、それをわからずに、やたらと怒ってばかりいた」と述べる場合があります。このH事例の面白いところは、①解釈の内容そのものは正しく受け入れていること、②しかし、それは自分が気づいたということにしておきたいこと、③自分で自分の反省をするのはいいとしても、他者から言われるのは嫌であること、④解釈そのものは肯定しても、前セラピストは否定しておきたいこと、といった点です。

この場合、前セラピストは寂しい思いをするかもしれませんが、結局回り回ってどこかでよくなればいいのですから、目の前の反応だけにあまりこだわらないほうがいいのだと思われます。

このセラピストの解釈が、その場では否定されても後で有効に働くということの理由について付け加えるとすると、これが、クライエントの自己愛や、セラピストに対する陰性感情、競争意識のせいにされることもあります。しかし、やはり大きいのは、クライエントは直接水準で（「嫌なことを言われた」という感情レベルで）反応することが多く、間接化（言われたことを距離を置いて眺めること、考え直してみること）に至るのは時間がかかるという点にあるような気もします。

［否定的反応への治療者の対応力］

こういったことから考えれば、セラピストの能力は、有害で危険な解釈をせず有益な解釈をする、有益な考えを引き出す、といったことだけではなく、クライエントの否定的反応をいかに取り扱うかにかかってくるように思われます。

クライエントの否定、拒絶、怒り、困惑、非難、疑問、詰問にあった時、セラピストは困惑してしまいやすいですが、実は治療の大きなチャンスであり、転機なのです。その機会を捉えて、クライエントの陰性感情を話し合える（治療者の意見のどの点が理解できないか、どの点に賛成できないか、なぜ賛成できないか、といったことを聞く）と、クライエントに対する理解は深まるでしょう。

しかし、話し合いができないほどだと、治療関係は中断してしまいます。もちろん中断したとしても、先の二例のように、良くなっていく場合もあるので、中断が悪いというわけではありません。ただ、有害で不幸な中断になると、反治療的です。

また、続いたとしても、十分にそのことを話し合えないままだと、表面的には治療関係は続きますが、セラピストへの潜在的な不信感が深くなる可能性があるので注意が必要です。

だから、クライエントの否定的反応や攻撃性や陰性感情を歓迎すぎる態度も禁物で、それが「（話し合い可能な程度の）ほどほどの否定的感情」であることが望ましいのです。それと、むやみやたらと攻撃性を刺激するのは慎みたいものです。

いずれにせよ、この否定・攻撃性・怒りへの対処は、治療の最重要点の一つであるだけでなく、人間が幸せに安らかに生きるためには、避けて通れない問題です。

d．無関心反応、そらし反応

解釈そのものに関心を払わない場合があります。たとえば、沈黙したり、「別に何も思いません」とか、話題が他に移ったりする場合です。この時は、セラピストの言葉が理解できなかったり、理解できても受け入れられなかったり、受け入れそうになるがこのままいくと危険だと感じたりする場合など、いろいろありますが、大きな意味での否定的反応や抵抗と考えていいでしょう。

この場合の対応もさまざまですが、否定的反応への対応と少し似たところがあると考えていいでしょう。たとえば、具体的な対応としては、しばらくそのままにしてどう対応するかを見ていこうという対処です。すなわち、抵抗（主体性）がどう育つかを見る態度です。

首をかしげているという感じであれば「理解できましたか？」と問うてみてもいいでしょう。また、意識してそらしている感じがこちらに感じられれば、「今言ったこと、苦手ですか？」とか、もう少し柔らかく「この話題続けましょうか、やめましょうか？」と相手の反応・判断を引き出すのも一つの手です。この場合「続ける」と言って、ついて来れそうであれば、その解釈の話題を話し合えばいいでしょう。また「やめる」と言った時でも、その時、（主体的な）意志の力が強ければ、やめたい理由を聞くなり、やめることと続けることのメリット、デメリットを提示して、クライエントの判断を引き出してもいいのではないかと思われます。

しかし、統合失調症のように主体性の弱っている人には、むやみな突っ込みは慎みたいものです。この場合は、かろうじて育ってきている拒絶能力を大事にすべきです。

◆4◆……構造化、限界設定、治療契約……◆

(1) 構造化について

a．構造化とは

順序が逆になった感がありますが、治療の構造化について述べておきます。まず、構造化とはどういうことか、ということですが、これはそんなにはっきりしたものではありません。また人によっていろんな構造化の定義があり一定したものではありません。

筆者の構造化の定義は、治療上のルールや取り決めという構造をつくる作業と考えています。考えてみれば、治療に限らず、何にでも（教育、仕事、商売、スポーツ、遊び、人間関係など）ルールがあるわけで、その意味ではどんな営みでも、一定の構造（仕組み、組立て、規則、関係など）があるわけです。だから、治療作業という営みの中に、すでに構造的側面があるわけで、構造化というのは、その構造的側面をわざわざ強調したということにすぎません。

b．構造化が注目された理由

ただ、近年、声高に治療の構造化と言われるようになったのは、もともと治療やカウンセリングに内包されている仕組みやルールを無視する未熟なクライエント（境界例、人格障害、精神病、重症の神経症・うつ病・心身症など）が増えてきていること、またカウンセリングの領域がそうした未熟なクライエントを対象にすることが増えて来たために一定のルールや取り決めをする（構造化する）必要に迫られてきたということが大きいようです。さらには、治療機序を考えていく中で、治療の構造的要因が注目されだしたことも、構造化が重視されてきたことの一因だと思われます。

治療が一定程度構造化されることは、治療においてとても大事な面がありますが（もちろん無構造のほうが自由性があるということで良い面もある）、何事も手順が大事で、構造化のやり方を間違えると、反治療的要因となりやすいのです。

(2) 構造化の必要なクライエント

a．未熟なクライエント

治療の構造化を十分にせずに、治療に入ったために、カウンセラーが大いに苦しんだり、治療が泥沼に入ったりということをよく聞くし、そういうクライエントがよく筆者のもとに紹介されてきます。

たいていは、先に挙げた未熟なクライエントということになるのですが、どのようなクライエントを未熟というのでしょうか。筆者の感覚からすると、未熟なクライエントというのは、たいてい境界例的傾向の強いクライエントが多く、未熟さと境界例傾向とは密接につながっているというか、ほとんど同一という気がします。

b．病歴、治療歴などの聴取

未熟さは、見ただけでわかるものではありません。それは、来院目的、治療動機（肯定的動機と否定的動機、すなわち治療者にして欲しいことと治療にまつわる恐れや抵抗など）、治療意欲の程度から始まって、主訴と他の主症状の明確化、発症時期、病状の経過、発症要因、生活歴、家族歴、治療歴を中心にしながら、話を聞くことで浮かび上がってくるものなので、クライエントの現状と歴史を正確に聞き取る必要があります。

c．未熟さとは

未熟さと、境界例傾向はほぼ同じだと述べましたが、ここでは拙著(2)から、未熟さ（境界例傾向）

を疑わせる一六のポイントについて述べておきます。

①話がはっきりしない。特に目的や動機を明確にできない。自分の治療の意志もはっきりしない（言われたから来ただけとか、なんとなくといった表現など）。

②話にまとまりがないし、矛盾しても平気。セラピストは理解しかねるし、何を患者が言っていたのか思い出せず、カルテにも書けていないことがある。しかし統合失調症の思考滅裂といったほどの乱れではない。

③こちらの質問にきちんと答えてくれない。いわゆる相互性のなさであり、どの患者にも見られるが、特に境界例においてはそれが強い。

④前の治療者を悪く言って、目の前のセラピストを誉めるといった理想化が強い。悪口が的を射ていることも多いので、現セラピストはいい気になってしまって投影を受け入れてしまう場合がある。

⑤抑うつを訴えることが多いが、その原因を他者（家族、前治療者、第三者など）のせいにすることが多い（「他責的なうつは境界例だと思え」と言う治療者もいるほど）。

⑥病歴の中に行動化、自殺未遂の既往がある。

⑦背後に怒りが埋まっているのを感じる。

⑧背後に空しさ、空虚感を漂わせているし、自己同一性の障害を感じる。

⑨セラピストを何度も変えている。

⑩薬物依存やアルコール依存の傾向。

⑪面接が終わっても席を立とうとしない。家へ帰りたくない、帰れない、送って欲しいというような発言が出てくる。
⑫自分の意見を言えず、絶えず主語を不明確にするか、人の意見として言う。
⑬困ったふるまい（たとえば大声で話すなど）を注意すると、こんなに困っているのにと逆に食ってかかる。
⑭自分で来ているのにほとんど話をしない。
⑮メモや手記を大量に持ってきて読み上げようとするか、またはそれらを治療者に手渡す。
⑯最初から贈り物をどんどん持ってくる。
といったようなことですが、それ以外でも、やりにくさを感じたら（やたらとセラピストの個人的なことを聞く、絶対治るのかという保証を求めてくる、など）、治療に対する疑いが強い、やはり未熟さを疑うべきです。

(3) 構造化の実際――その1

a．審査期間の必要性

クライエントに未熟性を感じたら、すぐに「引き受けました」と安請け合いするよりは、引き受ける可能性のある場合でも「引き受けられるかどうかは審査面接を何回かしてから」と言っておくほうが安全です。もっとも、これもケースバイケースで、最初からかなり波長が合ったり、境界例でも高水準にある人は、審査期間を置かなくてもいいかもしれません。また相当実力のあるセラピストなどは、そうしていない人もいるかもしれませんが、おおむね審査期間を置いたほうが、セラピストだけではなくクライエントのためにもいい気がします。クライエントもカウンセリングを受けるかどうか迷っている時があるので、決心をつける意味ではいいと思われます。

b．審査期間中に見ておくこと

審査期間中に見立てておくことは、患者側の、治療の困難度がどれくらいあるかということです。たとえば、①行動化の激しさ、破壊衝動の強さ、②自殺願望の強さや自殺未遂の多さ、③治療意欲の不十分さ、④自分の意見表明困難の強さ、⑤気づきの悪さ、⑥話のまとまりの悪さ、⑦分裂や投影性同一視の強さ、⑧解離状態への変化しやすさ、⑨家族の非協力の程度、⑧現実認識能力のなさの程度、⑩自己同一性障害の強さ、⑪自己否定の強さ、などで、これらが強いほど治療困難であると言えますし、セラピスト側は、かなりのエネルギーと忍耐（困難や不安や無力感などに耐える力）が要求されると考えられます。

セラピスト側の要因としては、①セラピストの時間的余裕、②セラピストの治療能力・経験、③セラピストの精神状態の安定度、心身の疲労の程度、④セラピストの決心の程度、⑤セラピストの有している援軍（スーパーヴァイザー、先輩、仲間、友人、入院を引き受けてくれる病院、医師、看護師など）の程度といったことが目安になり、これらが多いほど引き受けやすくなります。

(4) 構造化の実際——その2

いよいよ引き受けるとなったら、次の約束を取りつけたり、大事なことを相互確認しておきます。

a．自殺や破壊行動の禁止

過去に、破壊行為や自殺未遂がある患者に対しては、そうならざるを得なかった心情を思いやると同時に、今そのことをどう思っているのか、今後それを繰り返す可能性があるかどうかといったことを聞いていかねばなりません。

そして、それを聞いていきながら、患者が今後はそうした行為をなんとか止めたい、死ぬためではなくより良く生きるために治療をするんだといった決意を引き出し、セラピストとの間で「しない」と約束しておくことは、構造化の一つのポイントになります。この点を曖昧にしたまま治療に入ると、治療者も患者もかなり苦しむ時があります。

b. 治療意欲の確認

クライエントの自覚と治療意欲の程度とその内容も大事です。未熟なクライエントにあっては、しばしば自分は特別の努力をしなくてもセラピストや家族や周りがなんとかしてくれるだろうという気持ちを持っていることがあるので、自分が治療の主体であること、自分を変えていくことが治療の根本であることに関して合意しておくことが重要になります。

c. 治療目標の明確化

未熟なクライエントの場合、治療目標を何にするかということをはっきりさせられないことが多いです。そんな時は、セラピストのほうからその点を聞いていく必要があります。その中で、たとえば「対人不安の減少とそれを受け止めること」といった現実的目標に到達すれば、一応それを出発点にすればいいでしょう。ただ、自分の望んでいることを聞かれてもなかなか答えられないクライエントもいます。そんな場合は、治療目標をとりあえず「自分がどうなりたいのか、自分は何を望んでいるのかをはっきりさせること」つまり「治療目標そのものを明確にすること」に置いておけばいいかもしれません。

d．ルール設定

ルールや規則も大事なことです。まず、面接回数、面接時間、面接室以外では会わないこと、電話は事務連絡程度（電話では治療は行わない）、面接が不可能になるような行為はしない、といった約束を設定することも大事です。

e．限界設定

以上のa．〜d．が守られていれば、治療者もクライエントも、構造枠、安全枠の中で守られて治療できますが、現実にはなかなか難しいことが多いようです。そして、枠を超えてしまうことがあまりに多くて、カウンセリングが不可能になる場合があります。その時は、ここでのカウンセリング治療は限界を超えたので、他に治療場所を移してもらうという設定をしておくのも大事です。つまりカウンセラーは万能ではなくて限界があるということを明示しておくことが大切なのです。

(5) 構造化における注意

a．クライエントとの相談

こうした構造化は、一見セラピストのための自己防衛と思われやすいし、そういう側面もないではありません。しかし、これはクライエントに以下の点を示すという意味で、クライエントのためのものでもあるのです。①セラピストは万能の神様でもないし、クライエントに常に奉仕する奴隷でもない（クライエントは、セラピストを神のように仕立て奴隷のようにこき使うという「アラジンの魔法のランプ願望」を持っていることが多い）、生身の傷つきやすい一人の人間であること、②クライエントに自己と他者の区別をつけさせ、他者配慮性を身につけてもらうこと、③クライエントの治療にとって大事であるカウンセラーの健康を維持することは必要不可欠であること。

だから、その点を踏まえながら、まず、クライエントに、先述d．のルール設定を提案として呈示します。つまり一方的にクライエントに押しつけるのではなく、クライエントに引き受ける時の条件を提案してそれについて話し合うのです。理想的には、クライエントのほうから「これは必要なことです」という話になることですが、そうでなくても、粘り強く合意に達するまで話し合うほうがいいと思われます。

b．綿密で温かい構造化

クライエントは、最初こそルールを守り治療構造を守りますが、そのうちルール破りが出てくることがあります。この時、治療関係が進んでいると、セラピストは「まあ、いいか」と見逃しがちになります。しかし、そのままにしておくと結局は治療の妨害要因になってしまいます。優しさが仇になることが多いのです。だからといって一度でも約束が破られたら治療が終わりというわけではありません。その時は約束が守れなかった理由を聞いていきながら、自己理解の深まりや将来の反省につなげるのがいいでしょう。この場合は、温かい構造化や限界設定が大事です。

◆5◆……表現と表現援助……◆

傾聴や受容や共感は、すべてクライエントが表現したものへの肯定的反応であり、またそれらはクライエントのさらなる表現を促します。だから、受容、共感といってもクライエントが表現することが基本になります。

ただ、幼児や言語表現が苦手なクライエントや、主体性が圧倒されている（または主体形成が未熟な）患者にあっては、なかなか言語表現が難しい場合があります。

(1) 表現の治療的意義

そんな時には、言語の代わりに、遊戯療法、描画法、箱庭療法、コラージュ療法、フィンガーペインティング、相互スクイグル[32]、粘土療法、音楽療法、ダンスセラピーなどといった表現の仕方があります。

このやり方は、それはそれで意義があります。そもそも、クライエントは表現の場や表現方法を与えられただけでも元気が出てくるし、他者（カウンセラー）に開示できることで、つながりや人間としての連続性を取り戻せます。またストレスや攻撃性の発散になるし、気持ちが楽にもなるのです。表現を続けていく間に心が整理され、方向性が出てくる場合もあります。さらに、表現は想像力を刺激し、創造性を開発するし、表現することで主体性やコントロール力がつき、自由さや伸びやかさも手に入ります。したがって、表現ができるということ自体が治療促進要因になる可能性があるのです。

(2) 非言語的表現療法における注意

こういった場面で、セラピストのほうにも注意しておく点があります。一つは、表現されたものはクライエントなりの貴重な作品とも言えるものなので、すぐにそれを解釈するというよりも、まずはじっくり味わってみることが大事だと思われる点です。そのほうがクライエントとしては受け入れられたという感じを持てるでしょう。

二つ目には、その表現が治療の役に立っているかどうか、役に立っていないとしたら、それはどうしてなのかを考えてみることが大事です。

三つ目には、同じことですが、この表現療法が、バウムテストにしろ風景構成法にしろ、そのクライエントにとって、またはその治療状況にとって、最適だと考えて行われたかどうかという問題があります。たとえば、あるカウンセラーがクライエントから「対人関係がうまくいくにはどうしたらいいか」ということを聞かれた時、返答に困って、風景構成法を施行しましたが、あまり効果がなく、そのクライエントは別のカウンセラーに変わったということがありました。新しいカウンセラーは、本人の質問・疑問を一緒に考えていった上で、言葉だけでは足りないところがあるので、バウムや同じ風景構成法を行い、カウンセリングは進展したのです。クライエントが語るには「前の先生は肝心の問題に答えてくれず、いきなり絵を描かされた。でも、今度の先生は、対人関係のことについていろいろ教えてくれるし、絵を描くことも、自分自身や対人関係のことを知るのに役立つと説明されてからだったので、素直に描けた」とのことでした。これから言えば、苦しまぎれに絵に頼るのは考えものですし、また、絵を描いてもらう場合でも、クライエントとの波長合わせが大事になります。

四つ目は、セラピストが、クライエントの作品ばかりに夢中になって肝心の治療のほうがおろそかになってしまうという危険があります。これは、作品が素晴らしかったり、クライエントが受け身的で、セラピストに従いやすい人であったり、またセラピストが治療の見通しを持てていない時に起きやすいようです。筆者のように絵が好きなセラピストは、特に注意が必要であるようです。

五つ目は、作品に対して、クライエントの感想を聞いてもいいですが、無理に聞き出すことはよくないということです。クライエントが言いたがっているかどうかの雰囲気を読むことが大事です。といっても、それがわからない場合は「何かこれを見て浮かんでくることがありますか？」と軽く聞くのが安全でしょう。聞くことが必ずしもいいとは限りませんが、非言語的ということにこだわって、言語を用いることにアレルギーになるのも、セラピストが自由性を失った態度です。作品も言葉もその場に応じて大事に使えることがいいのでしょう。

◆6◆……保証（assurance）……◆

(1) 真の保証とは

クライエントは、不安の中にいることが多く、早く安心感を欲しがっています。そうしたクライエントを見ているカウンセラーも、早く保証を与えたがります。しかし、保証を与えるというのは、結構難しいものです。たとえば、クライエントが「先生、私、本当に治るでしょうか？」と聞いてきた時、「大丈夫、治りますよ」と答えて、クライエントは安心するでしょうか。確かにごく一部のクライエントは安心するかもしれませんし、また一部のクライエントはセラピストに遠慮して「安心した」と言うかもしれません。しかし、ほとんどのクライエントは、あまり根拠がない、その場しのぎ的な保証に対しては、本当の安心感を持てないようです。ただ、初心者のセラピストは、こういう反応をしがちです。それは、不安に怯えているクライエントを見ることを嫌がっているというか、クライエントの不安をカウンセラーも持てあましているからだと思われます。

(2) 真の保証を得るには

a．不安の中身・原因・対策への自己理解

真の保証とは、あてのない保証ではなくて、次のような要素を含むのではないかと思われます。①自分の不安が何であるかわかっている、②不安の原因についても理解できている、③不安に対する対策（減らせる不安は減らす工夫をする、減らせない不安は受け止めていく覚悟をする、減らせる不安と減らせない不安の区別ができる）に関する知恵を身につける。

すなわち、不安の中身、原因、対策に対する理解が必要であり、またそれがセラピストに教えられたものであったとしても、自分にそれが身についていることが真の保証なのでしょう。だいたいassuranceとは「保証」だけではなく「自信、確信」という意味もあり、本来は自分がsure（確実）であることを指すものです。だから、保証とは与えられるものというより、自分で獲得してはじめて、真のassurance（保証）が生じるのです。

b．クライエントにとっての真の保証

［カウンセラーによる不安の例示］

大半のクライエントは、何か漠然とした不安を抱いたり、その不安に振り回されており、カウンセラーが何を不安がっているか聞いても、答えられないことが多いようです。その時、カウンセラ

ーとしては、一応、一般的な不安を列挙して（死の不安、病気の不安、精神病の不安、自己コントロールを失う不安、何を言うか何をしでかすかわからない不安、他者に見捨てられる不安、皆に相手にしてもらえないのではという不安、変なふうに見られるのではという不安、治らないのではという不安、一生不本意な人生を送るのではという不安、自殺する不安など）、その中でクライエントに選んでもらってもいいし、またクライエントとしては列挙していく中で、いろいろ想像力が刺激され、自分の不安に対して理解が開ける可能性が出てきます。

［不安の原因と対策に対する共同探求］

その上で、①この不安は、人間が普遍的に持っているものであって、特殊なものではないということ、②しかし、自分にだけなぜこの不安が大きいかを考えることは大事であることを示し、不安の原因の共同探求に入っていきます。

不安の原因（正確に言えば、不安増大の原因）については、主に本人の状況的要因、人格的要因に大別されますが、これも二人で探っていきます。

そして、不安への対策についても、自分だけで不安を減らせるかどうか、不安を受け止められるかどうかも一緒に考えていくのです。

この時の要点は、クライエントにリードさせながら、足りない点をセラピストが補うという形にすればいいでしょう

c．ちょっとした保証

以上は、不安に対する保証の基本的なマニュアルを示しただけですが、たとえば、面接前に何も

言えずにもじもじしているクライエントに対して「何か話しにくそうですね。別に無理に話さなくても、こちらが聞きにいきますから安心していいですよ」というのも、ちょっとした保証です。あるいは、とても緊張しているクライエントに「緊張していていいんですよ。誰でも、面と向かって話をするのは緊張するものですから」と緊張を受容してあげるのも保証となります。

その他、精神病扱いされないか、異常扱いされないかと怯えているクライエントに「怖いんですか？」と聞いてあげたりするのも、保証や安心をもたらすものです。

d. 治癒に対する保証

先ほどの「治りますか？」という質問ですが、これはいちばんクライエントが聞きたがっている問いと言えます。これに対し、安易に「治りますよ」と答えるのは、その場しのぎ的な回答で、多くの場合、真の保証にはならないということはすでに述べました（さらに、付け加えるなら、境界例患者や人格障害のクライエントの場合に、こういう応答をして後々大変厄介なことになるのは、火を見るよりも明らかです）。

それでは、どう答えたらいいのでしょうか。これが最善かどうかはまったくわかりませんが、筆者は、これに対して回答するというより、クライエントにその問題を考えさせるような対応をします。何を考えさせるかというと、①本人の望んでいる治癒像、②その治癒像が合理的で現実的なものかどうかということ、③その治癒を促進する要因と妨害する要因は何かということです。その結果、治るかどうかの鍵は本人が握っており、その基本に関連して、セラピスト、家族、友人、関係者、状況、運と縁などが絡んでくるということの理解が、本人の中で進みます。つまり、真の保証は、与えてもらえるものではなくて、クライエント本人が、セラピストの助けを借りながら、自ら獲得するものなのです。

◆7◆……助言、指導、教育、学習……◆

(1) 指示的態度と非指示的態度

a．二つの態度の適度な組み合わせ

ノンディレ的（非指示的）態度が、身についている人は、指導や教育ということを敬遠しがちです。助言、教育、指導、学習といった営みは、どちらかというと指示的介入なので、ノンディレ路線をとっているカウンセラーはこうしたことを避けているようです。

指示的態度と非指示的態度のどちらがいいのかというと、これは簡単に結論が下せません。おそらく、両方のやり方は、それぞれ長所と短所があるのでしょうし、実際の適切な治療には、それを両方、適度に組み合わせることが大事になると思われます。

b．非指示的態度が好まれる理由

しかし、実際には、筆者の周囲のカウンセラー（一部、精神科医も）は、筆者も含めて、どちらかというと非指示的態度が好きなようです。ここでこういう質問をしたり、こういう意見を言ってあげるのが適切であると思えるところでも、ノンディレ路線でいくようです。これについては、明

確にはわかりませんが、次のような理由があるように思われます。

第一は、ノンディィレ路線でいくほうが（つまり、ひたすら傾聴し、繰り返し応答をすること）、クライエントを受容できるという考えがあるのでしょう（しかし、クライエントが本当に望んでいるのは、表面的な受容ではなくて、正確な理解を伴った深い受容です。もっと言うと、他者に受容してもらえる中で、最終的には自己受容、自己理解を目指しているのです。このクライエントの自己理解を進める際に、自分一人では自己探求や自己の理解を進められない人に、ただ傾聴しているだけでは十分ではないでしょう）。

第二は、クライエントに対する適切な対応ができないために、無難なノンディィレ路線に走るということです。たとえば、クライエントが「治るのでしょうか？」「少しは楽になるのでしょうか？」「これからどうしたらいいのでしょうか？」「どのように人と付き合ったらいいでしょうか？」「どうしてもあの上司が苦手です」「父親が憎くてたまりません」「もう何の希望もありません」などと言ってきた時には、クライエントの自己理解を深める絶好の機会と言えます。こんな時、ひたすら、ノンディィレ路線で「あなたは治るかどうか心配しているんですね」とか「上司が苦手なんですね」という繰り返し応答や傾聴だけでは、クライエントの自己理解は深まらないように思われます。直接に回答する必要はありませんが、少なくとも、クライエントの自己理解を進めるために、助言や教育的要素を含んだ質問（たとえば、いろんな治癒像を提示して、クライエントに考えさせるなど）ぐらいはしてあげたほうが、クライエントのプラスにはなると思われます。

考えるに、上記の質問や気持ちをクライエントが提示した時に、カウンセラーがいくつかの適切な対応が十分わかっていて、今はノンディィレ路線をとるほうが、このクライエントには相応しいということで非指示的態度でいくなら、それはそれでクライエントの役に立つ関わりになる可能性があると言えます。逆に、こうしたクライエントにどうしていいかわからないので、とりあえず危険がなさそうに見えるノンディレ路線を選ぶということでは、あまりクライエントにとって生産的なカウンセリングにならないのではないかと思われます。

第三は、指示的態度は、介入という要素が強くなり、クライエントの主体性を損なうのではという心配から、ノンディレ路線がとられる場合です。この場合、命令や支配や強制のような指示的態度であれば確かに問題ですが、相手の応答を期待し、相手の主体性の醸成を目的にする、相互応答的指示的態度であれば、むしろクライエントは手応えを感じられていいのではと思われます。ユングが言うように、治療とは弁証法的対話であり、相互浸透的な化学反応、錬金術的過程なのです（大事なことを言っているのに、カウンセラーがただ話を聞いて、クライエントの意見を繰り返すだけでは、クライエントは物足りなく思うのではないでしょうか）。

第四は、指示的態度は、どうしても今までのクライエントの態度に新たな視野を付け加えることになるので、クライエントと対決することになりやすいという側面があります。この対決というのは、しんどい作業ですので、無難なノンディレ路線がとられることがあるのです。

第五は、指示的態度は介入的態度に近く、介入は責任を伴いやすいということがあります。もし、あるクライエントに対している時に、「ただ傾聴しているだけなので不満に思って、クライエントがカウンセリングを中断した場合」と、「指示的介入的対決的態度でいったが、クライエントと意見が対立して中断した場合」とでは、後者のほうが失敗と受け取られやすく、やはり責任を避けて無難路線を選ぶといったことがあります（しかし、現実には、後者のほうが手応えを残した中断になるのではないでしょうか)。

その他、大学での教育の問題もあるし（ノンディレ路線重視のカウンセリング授業が多いと聞いています)、まだまだ精神病や人格障害、境界例に取り組むカウンセラーが少ないことから、ノンディレ路線が好まれているのかもしれません。しかし、ロジャーズ自身が、ノンディレ路線から「来談者中心療法」へと名称を変えたように[21]、我々はこのノンディレ路線が本当にクライエントの役に立つかどうかを、もっとよく考えたほうがいいと思われます。

c．ノンディレ路線の有効性と危険性

［ノンディレ路線が有効な場合］（クライエントが自分自身を導ける場合）

もちろん、筆者はノンディレ路線が悪いと言っているのではありません。それこそ、相手の健康性や自己実現能力、自己決定能力、主体性を尊重して、なるべくカウンセラー側の介入を少なくしながらカウンセリングが進んでいくのなら、それはそれで素晴らしいことです。しかし、そういうことが可能になるのは、相当、健康度が高いクライエントの場合ではないでしょうか。

健康度の高いクライエントであれば、カウンセラーがノンディレ路線をとっても、クライエントのほうが、健康への道を志向している（自分で自分を導いている〈direct〉）ので、カウンセラーは、クライエントについていくだけでいいのでしょう（もっとも、ノンディレ路線で境界例や精神病を治している例もあるかもしれません。それはそれで貴重なことなので、もしあればぜひ教えていただきたいと思います)。

［ノンディレ路線一本やりが危険な場合］

ただ、ノンディレ路線が危険な場合もあります。もっと正確に言えば、ノンディレ路線一本やりの場合です。これは、再三述べてきたことですが、①何も言ってくれないので、クライエントが手応えを感じられない、②クライエントの混乱を整理できにくい、③クライエント側の万能感的な幻想や願望を肥大化させる、④クライエントの攻撃性や行動化をコントロールしにくい、⑤カウンセリングがどこに進むかわからないのと、危険な方向を阻止できにくいといった心配があるということです。

もっと厳しく言えば、ノンディレ路線一本やりは、クライエントに治療の責任を預けっぱなしにする無責任的態度ということにならないだろうか、ということです。

(2) 真の助言、教育、指導とは

a．教育はカウンセリングと同義

教育、指導という指示的態度も、クライエントの主体性の尊重ということを軽視すると、やはり益がないだけではなく、有害となりやすいように思われます。たとえば、命令的、支配的、管理的でマニュアル的（機械的）な教育、指導は、退屈であるばかりでなく、反発を招きやすいものです。

もともと、教育とは、教え育むことです。さらに、「教」という字は、「爻（交える）」や「子」という部分を含んでいるように、子供との交流を指すのです。それから言えば、真の教育とは、上下関係のような一方的なものではなくて、カウンセリング的な相互交流的態度と同じことなのです。

また、teach は「教える」という以外に「悟らせる、自覚させる」という意味があり、educate（教育する）も、ラテン語のeducatus（「e（外へ）＋duc（導く）＋ate＝能力を導きだすようにする」）から来ており、それは「引き出す」「開発する」の意味が強いのです。

これからわかるように、教育というのは、もともとカウンセリングマインドに深く根差したものなのです。

b．カウンセリング場面での実例

では、どういう場合に、どういう形で、教育、指導、助言が行われるかということですが、それこそ千差万別で、分類のしようがありませんが、二、三、例を挙げてみます。

［単なる情報提供の場合］

クライエントは、意外といろんなことを知らないでいることが多いようです。こんな時、有益になると思える情報は伝えたほうがいいに決まっています。

たとえば、睡眠や気持ちの落ち着きに、ハーブティーやラベンダーの香り、バッハ（特に平均律クラーヴィアなど）、バロック音楽がいい、とか、肩こりにツボマッサージが有効（特に、肩井、天柱、腕骨のツボ）とか、各科の名医とか、あるいは趣味やスポーツ、映画や本の紹介、法律や日常生活で必要な情報などは、伝えないよりは伝えるほうがいいでしょう。

もちろん、それに関心を示すかどうか、それを使うかどうかは、クライエント自身の決定によるので、押しつけにならずに「利用するかどうかは、あなたが考えるとして、とりあえず、これだけは伝えておきます」といった態度でいいと思われます。

一部に、そうしたことは、セラピストの逆転移感情の行動化だという向きもありますが、そこまで神経質になる必要はないのではと思われます。たとえ、セラピストの行動化としても、結果としてクライエントのプラスになればいいのではないかと思います。筆者自身の経験によれば、そうしたことで、治療関係が悪化したり、混乱した経験はありません。

［相手に考えさせながらの教育、指導］（子供への対応についての指導例）

教育というものが、相互交流的な側面を含むという点からしても、教育や指導は、相手に考えさせる必要があります。

たとえば、不登校と家庭内暴力の息子に苦しむ母親が「子供にどう接したらいいのか？」と聞いてきた場合、筆者はまず「今まで、接してきたことで良かった点と、良くなかった思える点」を聞きます。この場合、それすら言語化できない親が多いので、その言語化を助けます（たとえば良いと思う接し方の例をいろいろ挙げて、親の連想を刺激する）。次いで、良かったと判断した根拠、良くなかったと判断した理由を聞いていきます。

その上で、「息子に言わないほうがいいこと」「息子にしないほうがいいこと」「息子に言ったほうがいいこと」「息子にしたほうがいいこと」を聞き、続いて「今後の息子との最良の関係はどういうものか」「今後の息子との最悪の関係はどんなものか」「今後息子にどうなって欲しいか」「息子にどうなって欲しくないか」を聞いていくというやり方をとることがあります。

もとより、これらの質問に答えるのは難しいので、セラピストが補いながら、共同作業で問題を探求していきます（こうした中で、それこそ家族抵抗や家族のルールが発見できたりして、今後のカウンセリングのプラスになることが多いのです）。

いずれにせよ、そうやって得られた対応策は、たいてい「相手の気持ちを理解すべきだが、詳しくしつこく聞きすぎない」「相手との波長が合うほうがいいが、無理に合わせすぎないほうがいい」「相手の要求や主体性は、尊重すべきだが、親ができることとできないことを明確に伝えたほうがいい」「話し合いは大事だが、相手が話し合いをする気になれているかどうか考える」「将来のことなどは、相手に決めさせるほうがいいが、決められない場合には『私（親）だったら、こうするけれど、あなたはどう？』という言い方で助けてあげるのもいい」といった、柔軟なものになっていくことが多いようです。

こうして、相手に考えさせた上で出てくる結論は、相手の身になっていることが多いと思われます。これは、問われた時にすぐ答えを出すのではなくて、相手に考えさせる、仏陀の応機説法やソクラテスの産婆術と同じことです。

この意味で、スクールカウンセラーが配置された目的は、真の意味での「教育（交流的教育）」の回復にあるのでは、と思われます。

8……訓練と徹底操作

(1) 訓練の意味

訓練も、教育・指導と同じく、カウンセラーから敬遠されることが多いようです。訓練という言葉は、どこか強制的、命令的、支配的なところを連想させるからでしょう。いわゆるスパルタ式のイメージが湧いてくるのです。

また訓練は、繰り返しのイメージが強く、どこか単調で退屈な感じを与えるのでしょう。しかし、「訓」は、見ての通り、「言」と「川」の会意文字であり、原意は、言葉で難題をほぐして通していくということなので、決して命令的なものではなく解決志向的なものです。また「練」とは、「生糸を柔らかくして上質のものを取り出す」ということなので、結構きめこまかい作業なのです。だから、訓練は機械的というより、繊細で工夫のいる、ある程度創造的な営みとも言えるように思えます。

(2) カウンセリングにおける訓練

a. 身体レベルまでの気づき

一方、訓練、並びに訓練的営みは、カウンセリングにおいても必要なことが多くあります。たとえば、いくら頭の中で大事なことに気づいていても、心や肉体のレベルにまで気づきが浸透しないと、本当に自覚や洞察が身についたとは言えません。このようなことは、ほとんどの事例で生ずると思われますが、その一例を挙げてみます。

b. パニック障害における訓練

たとえば、パニック障害のために長らく外出が困難であった主婦Iが、カウンセリングの甲斐があって、自分の不安の原因に気づき（幼児期の過保護的な育てられ方、極端な分離不安、夫をはじめ周囲への依存感情など）、不安を引き受けていくことの大事さを自覚したとします。こういう自覚まで達すると、外出できる人もいますが、多くの場合、頭の中だけの気づきであることがしばしばなので、「わかっているのですが、いざ出るとなると大変」となりやすいものです。

そんな時は、きめこまかく訓練のプログラムを組むことが大事でしょう。まず、①最初は、家の周りだけを、夫とともに、薬をたくさんのんで出る。②それがある程度できるようになると、次はもう少し距離を延ばす。③段々延ばしていって、駅まで行けるようになる。④電車にも乗れるようになる。⑤続いて、夫と少し離れて歩く→夫とかなり離れて歩く→夫なしで近所までいける→電車に乗る時、夫と離れた席に座る→夫と別の車両に乗る→夫に先に駅で待ってもらい、一人で電車に乗る→薬を通常の半分の量だけのんで乗る→薬を持っていくだけでのまずに乗る→夫も薬もなしに自由に電車に乗れ、行動できる、といった具合です。もっとも、実際には個々人によって、やり方は自由です。

以上のやり方からは、行動療法的なものを連想したかもしれませんが、この行動療法的な考えは、カウンセリングや治療の中で重要な役割を占めるのです。というのは、治療の妨害要因となる、恐れ、不安、絶望、劣等意識、落ち込み、やけになる、退行、逃避、責任放棄、衝動的になることなどは、人間の業とも言うべきもので、それとの闘いは一生続くからです。フロイトは、こうした抵抗を反復強迫抵抗と名づけましたが、この抵抗は、永遠に繰り返し反復してくるものなのであり、その意味で徹底操作も治療中だけではなく、一生続くのでしょう。

(3) 繰り返しの重要性

ここから連想するのは、ニーチェ(33)の永劫回帰の思想です。ニーチェは「我々の人生や宇宙では、同じものが、永遠に繰り返してくる」ということを説きましたが、治療中の根強い抵抗に出あうたびに、筆者はこのことを思わずにはいられません。そして、永遠に回帰するものであるからこそ、この一瞬を永遠のものとして大事にする気持ちにさせられるのです（華厳経にみる「一瞬は永遠」「一即多」「多即一」の考えは、カウンセリングを進める中で大変役に立つ考えです）。そういう気持ちで見てみると、一つ一つの繰り返しは、同じように見えながら、実に多様な変化があります。たとえば、慢性統合失調症患者などは、退屈でなんとも変化しがたいというように映るかもしれませんが、微視的、ミクロ的視点で見ると、その都度その都度の面接で微妙な変化をしているのです。だから、慢性患者、特に慢性の精神病患者という難しい事例に向き合う時は、繰り返しの重要性と、ミクロ的視点の大事さを認識しておくべきでしょう。

その点から言えば、キルケゴールが言ったように「繰り返しの重要性をわからないものにとって、人生は不毛そのものである[34]」ということなのでしょう。

［第五章の要約］

・クライエントの話は不明確なことが多いので、感情や考え方の前にとりあえず、話そのものを明確にすることを心がける必要がある。

・明確化を急いではならない。不明確さに、そのクライエントの特徴や歴史が現れているからである。かといって手をこまねいているのも問題ではある。

・直面化も急ぐべきではないが、セラピストがクライエントの問題点に注目していると自然にその話題が出やすい。

・明確化も直面化も、一つの選択・決断の営みなので、解釈活動の一つと考えられる。
・解釈は、説明や助言であり、治療者側の一つの意見表明でもある。
・したがって、クライエントの反発があったりするほうが、活発な話し合いがなされ、クライエントが自己の考えや意見を整理しやすくなる。また反発や討論の後に受け入れるほうが、解釈が根づいたことになる。
・役立つ解釈とは、当たっている解釈というより、有益で豊かな想像力を刺激する解釈である。
・構造化は、未熟なクライエントに対しては、特に必要である。
・どの表現方法がいいかは、治療上もっとも適切なものはどれかを考えて決めること。
・真の保証とは自己理解に基づくもので他人に与えてもらうものではない。
・しかし、治療者が、クライエントの自己保証を助けることはできる。
・非指示的態度（ノンディレ路線）と指示的態度を、セラピストが主体的に使い分けることが重要である。
・真の教育は、カウンセリングと同じ営みである。
・繰り返しは人生においても治療においても大変意義のある営みである。

第六章

関連領域での治療ポイントの検討

この章では、個々の関連領域での、カウンセリングや治療に関わる重要な点について、治療要因や反治療的要因を探っていきます。

◆1◆……心の病の実体と病名……◆

⑴ クライエントの不安と懸念

まず、手はじめとして、心の病における、病気、疾病概念、病名について考えてみます。カウンセリングに来るクライエントは、健康な人も、心の病に陥っている人も、その中間あたりにいる人もいるわけですが、全員が何らかの意味で多い少ないは別にして「自分はおかしくなったのでは？」「自分は異常ではないか？」「自分は精神の病気になったのでは？」ということを心配しているようです。

したがって、カウンセリングや治療の開始にあたって、病気や病名といったものをどう捉えるかが大事になってきます。というのは、疾病概念の問題は、捉え方いかんによって、治療的にも反治療的にもなる場合があるので詳しい検討が必要だからです。カウンセラーの中には「私は医者でないので、病名など興味ありません」という人もいるかもしれませんが、クライエントの多くは「自分は病気かどうか？」「病名は何なのだろう？」ということを気にしているので、この問題は、カウンセリング場面でも、避けて通れないのです。

そこで、一節を設けて心の病について考えてみます。

(2) 心の病の特徴

それでは、まず心の病の特徴を身体疾患と比較しながら考えてみます。

a．心の病に実体はない

心の病は、身体の病と比べると、共通点も多いですが、いくつかの重大な相違点があります。この相違点を考えておくことで心の病の本質に迫れる可能性が出てきます。

まず、身体病の代表としての癌と比較してみます。癌は悪性腫瘍として一つの実体的存在です。たとえば、レントゲンを撮って、ここに癌があるというように、はっきり目に見えるものとして存在しますが、心の病は、そういうわけにはいきません。たとえば、ここに不安神経症（パニック障害）という固まりがありますよ、と目に見える形で示すことができないということです。

それでは、不安神経症とは何かということになってきますが、不安神経症という言葉がある以上、それに対応する何かがあるはずです。それは結論から先に言えば、一つの特徴ある現象や比較的定型的な一つのパターン、または一つの構造という対応現象があるということだけであって、それに対応する実体的な身体的変化というものは、今のところ見つかっていないということです。不安神経症を例にとれば「息苦しさ・呼吸促迫（困難）・窒息感、動悸・頻脈、胸痛・胸部不快感、めまい、冷や汗、吐き気、震え、死の恐怖、発狂恐怖、慢性的な不安・浮動感、不安による外出困難などの行動制限」などの症状・現象というパターンを示す病気というだけで、何か不安神経症的腫瘍が目に見える形で存在しているわけではありません。

これは、不安神経症だけではなく、他の神経症、さらには、うつ病や統合失調症や境界例といった心の病にも共通することで、例外（脳腫瘍で精神症状を来すなど）はあるにしても、おおむね心の病に身体的実体はありません（もちろん、それなりの非特異的な身体や脳の変化はありますが）。

b. 心の病は一つの結果

もう一つ大事なことですが、たとえば、ある人が食欲不振、胃部不快感、吐き気を訴えて診察や検査を受けた結果、胃癌による悪性潰瘍が見つかったとすると、胃癌という原因があって、食欲不振といった症状が結果として出現したと一応考えられます。これは、胃癌という病変がなければ、そうした症状（食欲不振、胃部不快感）は出てこないからです（ただ、身体病の場合であっても症状出現の過程は複雑であり、以上のように単純に考えられないことも多いので、一応という言い方をしました）。

しかし、心の病では、事態はむしろ逆のことが多いのです。不安神経症を例にとれば、まず、呼吸困難や動悸・頻脈や胸痛などが出て診察を受けた場合、その身体的精神的検索の結果、①狭心症や心筋梗塞、解離性大動脈瘤、肺塞栓症、気道異物、肺気腫といった器質的疾患は見当たらない、器質的異常はない、②心理的に不安が強くなると症状が出やすい（誰かといると出ないが、一人だと出やすい）、③不安に対して過度に敏感で、不安かどうか安全かどうかのこだわりが強い、④絶対の安全、完全な不安の除去という不可能な願望を持ちやすい（だから、「器質的異常はありません」と言われてもあまり喜ばない）、⑤人間として受け止めねばならない不安を受け止めかねる、つまり「絶対の安全という保証」「不安の除去」を他者に求めるという依存性が高い、といったような特徴・パターンが出てきたら、不安神経症（またはパニック障害）といった病名がつけられるのです。つまり、不安神経症という実体があって、呼吸困難・動悸・胸痛といった症状が出てくるわけではなくて、①〜⑤の特徴の集約の結果として不安神経症という病名が採択されるのです。

以上の諸点を見てみると、③〜⑤までは、普通の人間が共通に持つ傾向（弱点）が強くなったものです。そして、③〜⑤の結果として不安が強くなり、過度の不安が身体にいろんな現象・症状（都合の悪い、つらい心身の現象を症状と言う）を引き起こすのです。このように、不安から症状が生ずるメカニズムは、精神身体反応（自律神経系や内分泌系や神経筋肉系など種々の反応）と呼ばれています。

だから、「私は今、不安神経症という病気に罹っている」という言い方は、誤解を招きやすく、正確に言えば「私は、種々の人間的弱点（不安を受け止められないといった）が強くなった結果、身体的精神的症状が出現し、不安神経症という状態に陥っています」という言い方が適切なのです。つまり、不安神経症があるから、いろんな身体的精神的不安症状が出ているのではなくて、人間的弱点の結果として種々の不安症状が出現し、その不安症状を調べたり考えたりした結果、不安神経症という診断が得られる、ということなのです。

C．身体モデルでの理解不能

［身体モデル理解による妨害要因］

だから、心の病は、癌のような身体的疾病モデル（目に見えたもの、病変が原因で症状が出てくる、など）では理解しにくいし、無理に理解しようとすると、誤解や偏見が生じたり、治療の妨害になりやすいのです。たとえば、癌患者は癌病変を医者が除去してくれると考えて、それほど間違いはありませんが、不安神経症の患者が、不安を医者が除去してくれると考えると、それは間違った理解ですので、治療は停滞することが多くなります（正しくは、不安を受け止めるのを医者・カウンセラーが援助してくれるという理解です）。

［万能感と実体化傾向］

精神医学は、身体医学の代表である内科学から分かれて出てきたものですので、どうしても身体的モデルを引きずっており、その結果種々の誤解が生じます。この誤解は、世に出ている多くの精神医学書（中には心理学の本も）にもまだ見られるので、ここで正しく理解しておく必要があります。ただ、こうした誤解は患者の幻想的期待（「自分」ではなく「医者」が、「不安を引き受ける」のではなくて「不安という嫌なものを除去してくれる」という空想的願望）に沿うことが多いし、医師の万能感をもくすぐるので、克服するのはなかなか難しいことかもしれません。さらに、人間は、ある現象を実体化して見る傾向も強いので、これも誤解から抜けにくい要因かもしれません。

d. 精神・身体・社会モデルの必要性

ただ、誤解のないように言っておきますが、心の病のすべてに身体的モデルが通用しないと言っているのではありません。たとえば、脳腫瘍で、人格変化や幻覚妄想が生ずる時もあるし、また脳が萎縮するという目に見えた変化を伴う老年性認知症では、身体モデルが必要になります。

また、癌という純粋に身体的な疾患に、しばしばうつ状態が伴いますが、これは身体モデルだけで理解することは難しいです。だから、心の病も身体の病も、各々、心と身体の両面を見る必要があり、さらには心が社会や対人関係といった相互関係の影響を受けることも考えれば、心理的・身体的・社会的モデルという多面的統合的な視点で病を見る必要があると思われます。

(3) 病名の治療的利用

さて、実際の臨床では、病名がどのように扱われると治療的になるかということが問題になりますが、その前に、今まで述べてきたことを踏まえて、まずは病気と告げることのメリットとデメリットについて考えてみます。

a. 病気と名づけることの利点と危険性

[病気告知のメリット]

①治療を受けられる……病気と考えられずに自殺するうつ病患者が多い事実に注目。保険で専門的な治療、相談が受けられる。

②免責と休養……この間に負担を取り除き、疲労を軽減し、エネルギーを回復し、心の整理が可能になる。怠けではなくて、病気と認定されると安心して休める。

③家族・職場・関係者などの接し方に変化をもたらす……本人を責めることや有害な励ましが避けられ、本人への理解が正しくなり、本人を安心させることができる。

④自己を振り返るチャンスが与えられる……病気の原因を考えることによって、自分の強すぎる要求、無理なライフスタイル、周囲への合わせすぎ、自分自身の偏った性格を反省し、うまくいけば自己変革につながる。

[病気告知のデメリット]

①誤解と恐怖を引き起こす危険性……精神科医から病気と言われただけで、不治の病にかかったとか、やがて廃人になるのではないかと思い込んでしまう危険性。特に疾患単位説で考えてしまう

と、宿命でどうにもならないと考えやすい。

②異常意識を強く持たせる危険性……自分は精神病になった、異常者になったと考え、もう誰からも普通扱いされない、人間扱いされないと思い込み、引きこもってしまうことがある。

③自己否定意識を強めること……心の病が、人間的弱点の積み重ねの結果であると正しく認識すれば立ち直れる可能性は大きいし、何よりも心の病を人生の再出発のきっかけにしやすいが、病気にマイナスのイメージしか持てていないと、自己否定の状態に止まってしまう。

④責任からの逃避……先のメリットとは逆に、人生の課題から逃避する目的で病気を利用する場合。

⑤劣等感・敗北感・挫折感・憂うつ感・後悔などを生じさせること。

［病気告知のポイント］

以上からわかるように、病気と告げることにはプラス面もマイナス面もあります。だから、セラピストはこのことを踏まえ、本人が誤解や恐怖や絶望に陥らないように配慮しながら、病気ということを踏まえて自己実現や自己成長へとつながる道をクライエントとともに模索することが重要です。つまり、心の病は癌のような実体として存在するのではなく、一つの便宜的な概念であり、それは自己変革への出発点であると捉えることが大切なのです。

b. 病名告知のメリットとデメリット

それでは次に病名告知のメリットとデメリットについて述べますが、これは病気告知の場合とかなり似てきます。ただ、病名には病名特有の問題があるので、そのことを考慮しながら病名について述べてみます。

［心の病の病名の特殊性］（多彩、変化、合作）

まず、心の病の場合の病名には、次のような特有の特徴があります。

①教科書の病名は純粋型・理想型……DSM—Ⅳなどでは、病名がきっちり分けられているが、実際にはパニック障害に身体表現性障害が加わったり、強迫性障害に妄想性障害が併存したり、多数の病状・病名が一人の人間に同時に存在することが多い。したがって、病名とは、その時点でいちばん優勢になっている病状に基づいてつけられるにすぎない。多彩な病状を一つの疾患単位で括ることには無理がある。

②病状（病名）は時間的に変化する……強迫症状が時とともに妄想状態になったり、統合失調症状態が神経症状態になったりするのは、よく見られることである。

③病状（病名）は、患者と治療者の合作……患者が、あるセラピストの前では拒絶・不信・妄想といった病状を呈するが、別のセラピストの前では心を開きよく喋ることがある。このような場合、前者では統合失調症の妄想型とされ、後者では妄想がかってはいるが対人恐怖にすぎないとされることもある。また、病状の変化はそうなくても、セラピストによって見方が違うと診断も違ってくる。このように、病名や病状は治療関係の中で生じ、両者の合作となることも多い。

以上の三つの特徴は、身体病でも時として見られますが、心の病の場合、その頻度・程度が強くなるようです。ただ、心の病でも、単一で時間的な変化がなく、どのセラピストでも同じ診断という場合は、もちろんあり得ます。

［病名をつけることのメリット］

①セラピストが病名を知ることで、クライエントへの理解が深まる。この時、病名は、共通言語のようになるので、文献を調べたり、他の治療者やスーパーヴァイザーなどとその病名（共通言語）を使って相談しやすい。たとえば、「このクライエントは境界例です」という代わりに、「このクライエントは、対人関係が不安定で、見捨てられ不安が強く、行動化が激しく、希死念慮も強くリストカットも頻繁で、親や治療者へのしがみつきも強いクライエントです」と言わねばならないとしたら大変。病名を使うとスムーズに話が進むという便利さがある。

②病名をつけ、そのクライエントへの理解が深まることで、適切な治療方針が立てられる。たとえば、神経症パターンと精神病パターンと境界例パターンでは、治療方針は多かれ少なかれ違ってくる。

③病名を出発点としていろんな想像が湧き、それが治療の役に立つ。

④クライエント自身も、病名を知ることで自分自身を知ることにつながり、治療や自己成長に役立たせることができる。

⑤病名をつけると保険を使って専門的な治療・相談が受けられる（アメリカでは、DSM−Ⅳに沿った病名をはっきりつけないと保険がおりないという）。

といったメリットです。いずれにせよ、何らかの現象に名前をつけることは、それなりの意義があります。我々は名前がついてはじめて観察したり研究したり議論したりできるからです。名前をつけることは、科学の始まりであるとよく言われることです。

［病名をつけることや告知のデメリット］

しかし、病名をつけることは、先の病気の告知と同じく危険性やデメリットもあります。

①病名をつけることで、理解を広げ深めるというよりは、狭い理解になってしまい、有害な割りきりになる。たとえば「統合失調症や境界例だから治らない」という理解。この二つは、確かに時間もエネルギーもかかるが、決して治らない病態ではない。その時、治療者や患者・家族にあきらめが生じてしまうと、不幸な悪循環（治らないと考える→熱心に治療しなくなる→状態が悪化する→やっぱり治らないという考えが強化される）が形成され、治りにくさが一層強くなる。

②治療方針が単調になる危険性がある。病名を出発点として想像を広げるのとは逆に、診断や病名を閉ざされたゴールのように考えると、病名は治療妨害要因になりやすい。たとえば、うつ病には薬物療法のみが有効と考え、認知療法や家族療法、行動療法などの治療の可能性を考えないとなると、うつ病に対する薬の効果はせいぜい六〇～七〇パーセントであり、また再発を繰り返しやすい現実の中で、薬で治らないうつ病の患者はどうすればいいのだろうか。逆に、境界例や人格障害には薬が効かず、それらは心理療法しかないと考えるのも早計である。十分な下準備をした後、薬を出すと、そうした人格障害にも薬が援助となる。

③いったんつけられた病名にとらわれると、大変な悲劇が起きる。たとえば、神経症性の筋緊張性頭痛という病名がつけられた後、いくらその頭痛が激しくなっても、それ以外の病名は考えられず、実は脳腫瘍を見逃してしまったという悲惨な例がある。筆者はうつ状態や幻覚妄想状態を呈した患者でもＭＲＩ―ＣＴを撮る時があり、それで二、三の脳腫瘍を発見した覚えがある。身体一本やりも怖いが、心理一本やりも同様に恐ろしいものである。

④病名による患者側の誤解。たとえば、巷間では「うつ病は、薬できれいに治ります」ということが今でも流布しているようであるが、クライエントがそうした誤解の上に乗って、うつ病という診断を受けたとして、薬で治ればいいが治らなかった時、どうするのか、ということが問題になる。この時は、病名のみならず、治療方針なども見直しの対象になる。

⑤病名による患者・家族側の絶望。たとえば、あまり配慮のないまま「あなたは（あなたの子供は）統合失調症ですよ」と言った場合、本人や家族の中に「統合失調症→普通の人間から脱落し、普通扱いされず、普通の生活ができない→就職や結婚や普通の生活はあきらめる」または「統合失調症→不治の病→治療はあきらめる」「統合失調症→遺伝する→結婚はあきらめる」といった思いが生じ、それらに引きずられることは、治療妨害要因になっていく。

ということで、いずれも病名を固定的に実体的に捉え、他の側面や可能性を流動的に見る視点を失う、すなわち想像力を閉じ込めてしまうと治療妨害要因になりやすいようです。

［病名告知のポイント］

以上を踏まえて、病名告知の治療ポイントを挙げてみます。

①すぐに告知するより、病名をめぐっていろいろ話し合ったほうが望ましい。それにより、患者・家族の恐れ、誤解、偏見を浮き彫りにし、それらの緩和・是正に寄与する治療的メリットがある。

②病名を単に告げるよりも、病状とその構造、背景の理解などを患者と共有する。

③病状の理解の共有に基づいて、通院・治療的対話・服薬など、治療の必要性や治療目標についての自覚を強めることが望ましい。

④場合によっては、病名がはっきりすることで安心することも多いので、その時は適切な病名を伝える。

⑤病名や病状を患者に考えさせることは大事だが、患者・家族だけでは手にあまる場合も多いので、セラピストも適切な場面で自分の意見を言うことが望ましい。しかし、言い放しではなく、セラピストの意見に対する相手の反応を聞くべきである。

(4) 役立つ診断とは

病名のついでに診断・見立てについても述べておきます。役立つ診断とは、単に病名だけではなく、以下のようなきめこまかい診断になる必要があります。また、セラピストの診断・見立ては、いずれ患者と共有できる診断になるほうが望ましいことは言うまでもありません。最終的には、クライエントの自己理解が目標だからです。

①病名の診断……たとえば統合失調症であれば、神経症的要素もあるような統合失調症か、妄想的要素が強いとか、病名の詳しい内容が知りたい。また単一の病名でない場合は、優勢な病名から順番に提示して欲しい。もちろん、病名は一つの仮説にすぎない。

②状態像の診断……状態像も固定的に捉えるべきではない。

③自我のレベル（強さ↕脆さ、柔軟さ↕硬さなど）の診断……具体的には、現実吟味、不安・不満耐性、言語化の程度、不満・不安に対する対応能力、コミュニケーション能力、自己肯定・自己受容の程度、感情に対する安定性など。

④何歳ぐらいの自我年齢（精神年齢）か……たとえば○カ月～四、五カ月の自閉期・共生期、五カ月

〜二歳の分化期、二歳〜五、六歳の個体化期、五、六歳〜一一、一二歳の自我確立期、一一、一二歳〜成人の同一性確立期によって、それぞれ対応が「holdingや安全感保証中心」「共感、受容、枠づけ、万能感を満足させるやり方」「客観化、明確化、現実吟味、脱錯覚中心」「直面、明確化、洞察指向、徹底操作中心」「内省、自己観察による合理的な問題解決」というように違ってくる。

⑤どんな感情が強いか。

⑥社会適応レベルは。

⑦家族など本人を取り巻く状況は。

⑧本人の課題は。

⑨治療目標、治療方針の診断。

⑩治療の困難度の診断。

⑪治療者側の診断（セラピストの治療能力や心身・社会的状況の診断）。

⑫その時点での最適の対応と不適切な対応は。

以上のようなことが明らかになると理想的です。ただ、これも身体病と違う、心の病の大きな特徴ですが、こうした診断は治療が進むにつれて明らかになることが多く、身体病のように、診断がついてから治療を、というようにはならないということです。しかし、セラピストとしては、とりあえずはその時点での診断（理解といってもいい）に基づいて、最適の対処をとることが要求されているのだと思われます。

◆2◆……夢の効用……◆

カウンセリング中に夢が報告されたり、問題になることはしばしばありますし、夢の取り扱い次第で治療が前進したり、後退したりといったことがよくありますので、夢との付き合い方を心得ておくことも、治療促進要因の一つになります。

(1) 夢とは

夢とは、睡眠中に進行する一連の視覚的（時に聴覚・味覚なども）心像、ということですが、夢を見ることで脳内の情報の再編成が行われるとも言われています。

その意味で、我々は毎日夢を見ることで、心の整理や大掃除をやっているのかもしれません。どうでもいいことは捨てられ、大事なことだけが残されて伝わってくるという作業を、夢はしてくれるのかもしれません。

(2) 無意識からのメッセージ

夢は治療の役に立つだけではなく、生きる上でもとても大事なものです。しかし、これも使い方を誤れば反治療的要因になりかねないので、夢の利用の仕方について考えてみます。

まず「夢はどのように治療の役に立つのか」ということですが、答えは簡単ではありません。自由連想ふうに思い浮かべていくと、まずは、クライエントとセラピストに対して、病気や自分自身への理解を深めさせてくれることが挙げられるでしょう。すなわち今まで気づかなかったことを気づかせてくれるといった点です。

心の病の治療やカウンセリングは、問題点や病状の把握、原因の理解、対策を立てる、実行していくとなるわけですが、今まで見てきたように必ずしも簡単にいくわけではありません。特に、意識的素材に頼っているだけではうまくいかない時があります。そんな時は、その人の無意識を理解することで道が開ける場合がありますが、その道を開いてくれるのが夢なのです。フロイトは「無意識を知る王道は夢である」[35]と述べ、パールズは「夢は統合への王道である」[36]と述べましたが、これは古今東西変わりなき真理であると思われます。

一般に、患者やクライエントの問題は、その時の病状、病歴、成育史、さらには現在の状況や人間関係、その人の未来の目的や恐れなどの情報を徹底的に調べれば、わかってくるものですが、そうしてもはっきりしない時は、夢に頼ると大いなるヒントが得られます。まさに、ユングが言うように「夢と幻想は重要な知恵の泉」[37]なのです。

さらには、上に述べた情報を知るだけでなく、それらを整理する上でも夢が大いなるヒントになる場合があります。つまり、夢を知ることで、その人の歴史がつかみやすくなり、錯綜した多くの断片的な話から、一本筋の通った情報を捉えやすくなると言い換えることもできるでしょう。これは、背後の無意識がわかることで、表面の意識・生活・言動が理解しやすくなるということです。

(3) 無意識の理解がもたらすもの

無意識を理解し意識化することが治療の役に立つことは、自明のこととされてきたように思いますが、今一度そのことを考えてみます。

無意識はたとえてみれば、火や水のようなものです。

火について何も知らないとすると、火傷をしたり火事を起こしたり焼死したりするかもしれず、その意味で火は危険きわまりないものです。ただし、火が正しく利用されると、照明・暖房・調理などはもちろん、人間に限りないエネルギーを与えてくれます。水も同じで、洪水や溺死の危険性がある一方で、人間の生活に欠かせない基本的な栄養物や洗浄物として機能するし、また火と同じく、人間世界に無限の豊かさをもたらすのです。

つまり、火も水も、使い方次第によって危険にもなれば大変有用にもなります。無意識も同じことで、自分の背後にうごめく、さまざまな欲望や恐れ、性本能や宗教本能、依存欲求や攻撃性、優越欲求などを知っておけばおくほど、人生を安らかに豊かに過ごせます。ソクラテスが「汝自身を知れ」と言い、道元が「仏道をならふといふは、自己をならふ也[38]」と言ったのも同じ意味があります。そして、無意識や夢は特に、自己の核心を教えてくれるのです。

(4) 情動のイメージへの変換

それと似ていますが、夢は情動を意識化するのに大変役に立つと言えます。情動は、怒り・恐れ・喜び・悲しみなどのような原始的本能的で未分化な感情で、どちらかというと無意識的なままに留まることも多いです。情動は意識して感じる時でさえ、頻脈や呼吸促拍や冷や汗などの身体的変化を伴いますが、これが無意識のままでいると、あまり良くない精神的・身体的変化を与えます。情動が意識化されないで、身体病やうつ病になることは臨床上よく経験することです。

ユングは、そのことに関連して「私が情動をイメージに変換する――つまり、情動の中に隠されていたイメージを見出す――ことができた限りに於て、私は内的に静められた」「情動の背後にある特定のイメージを見出すことが、治療的に役立つことを知った」[37]と述べているのは印象的です。つまり、情動の中には表現を求めているものがあり、表現されないで堰止められたままでいると、心身に有害な結果をもたらすことが多いのです。

情動は、あまりにも強烈ですので、それを直接意識するのは人間に耐えられないことがあり、夢という媒介が必要なのです。ちょうど、火を直接握れないため、松明《たいまつ》として持つようなものです。

(5) その他の効用

それ以外にも夢は大いに役立ちます。その点に関しては、多くの成書を参照してもらえばよくわかることですが、ここでは、筆者の経験上感じたことを箇条書き的に述べておきます。ただ、先述の(1)～(4)で述べたことと重なるところがある点は、ご寛恕ください。

①夢は「神からのお告げ」と言われるように、無意識もまた「神様からのメッセージ」である。もちろん神のお告げ・神意をどのように生かすかは、その人間の主体的判断だが、時に的確で素晴らしい道を示してくれることがある。

②自分は神とどこかでつながっているという感覚を持て、孤独感から救われることにつながる。夢は神話の神々が遊び戯れるところではないかという気もする。それから考えれば、人間が夢を見るというのは素晴らしいことである（しかし、いたずらに「神とのつながり」だけに頼り、現実の人間との交わりをないがしろにするのはむしろ危険。神とのつながりは、他者や自己自身とのつながりと連動する

ことが望ましい）。

③夢は、心理療法での言葉ではなくイメージとして、重要なものを伝えてくる。イメージは、しばしば言葉以上に強い印象を残すもので、その人を動かしやすい。またイメージに親和性を持っている人には特にいい。また夢は実感として感じやすい。

④夢の中で普段できなかったことができ、自信と希望を持てる時がある。

⑤夢を記録することで、その人の想像力が増大する。よく「心の病は、想像力や自由の欠如である」と言われるが、夢により想像力が増大することで、心の病が改善する時がある（もちろん、想像力は、現実の中で生かされねばならない）。

⑥夢を記録することは、ある意味で、少し日常の時間を削ることである。これは、毎日仕事にとらわれすぎている人に有効で、夢日記をつけることで、仕事の時間は減るかもしれないが、自分の仕事や生活を相対化してみたり、距離を置いて眺めてみることができ、そのことでゆとりをもたらし、治療につながる。

⑦夢を絵にして持って来る人もいるが、これはその人の視覚的表現力を高める。

⑧夢を考える中で、夢見手は、神話・芸術・文学・宗教などの世界に目を開かせられる。これは夢見手の人生に広がりと豊かさをもたらす。

⑨夢のもたらす印象や影響はかなりのものがある。ある離人症的な患者や失感情言語症的なクライエントは、夢を見ることで感情を刺激され、感情を回復した。

以上、思いついたまま述べましたが、夢の意義はまだまだあるでしょうし、夢は無尽蔵の宝を有していると思われます。ネルヴァルは「夢は第二の人生である」(39)と述べましたが、まさに至言です。表面の第一の人生しかないとしたら、人生はなんと味気ないものだと思われます。もっとも、この第二の人生をどう生かすかは本人にかかってくるのでしょうが。

(6) 夢を扱う時の注意

このように、夢は素晴らしいものですが、これを治療的に生かすには、やはりそれ相応の注意がいります。これも臨床経験をもとに箇条書きにしてみます。

①いきなり「夢を持ってきなさい」というのは、あまりに乱暴である。やはり、心の病の改善のためには、現実の生活や人間関係や意識上の話や薬などが大事で、夢を持ち出す前にやるべきことをやり尽くすということが必要。

②やるべきことをやった上で、なお心の病の原因や治療法がもう一つよくわからない場合、クライエントに対して、夢を提案し、本人がそれに興味を示した時には、夢を利用してもよい。

③最初から、本人が夢を持ってきても、本人の歴史や生活の中で、それがどう位置づけられるか考えた上で、夢分析をするかどうか考える。

④夢の解釈は一通りではなく、無限にあると考えてよい。たとえば、蛇の夢などは、ペニスの象徴であるかと思えば、知恵やお金も表し、また癒しと毒を同時に示す。一般には吉夢とされるが、ストレスや不安の現れでもあるし、凶夢の場合もある、といった具合で、とりあえずパズル解きのような感じではなく、夢の流れや、その人の連想、生活、歴史、未来の課題など総合的要因を含めて考えるべきである。たとえば、親離れができずに苦しんでいる若い女性が、蛇の脱皮の夢を見たなら、

性的ニュアンスもあるかもしれないが、親を離れての自立・成長へ向かっていると考えてもいい。逆に倦怠感に悩んでいる中年女性が同じ夢を見れば、それは「人間関係上でのアバンチュール」を求めているとされるかもしれない。

要するに、夢は多義的なのである。ユングが「夢に対しては何をしてもいいが解釈だけはしてはいけない」[(40)]と述べているのは、その点を指している。

⑤夢は多義的とはいえ、何十種類もの解釈を示されても夢見手は戸惑うばかりである。逆に、何のコメントも感想ももらえないでいるのも不安でたまらないだろう。やはり、夢見手の連想や、夢見手との対話を図りながら、患者（夢見手）の役に立つ「仮の解釈」を探る必要がある。役に立つ解釈とは、夢見手が心底から納得でき、展望が開け、次にどうするかの指針が見える解釈である。また夢見手に連想を強要するのは望ましくない。むしろ、連想が湧いてこないという夢見手の表現をとても貴重なものとして尊重する必要がある。

その意味で、夢分析は、治療と同様、クライエントとの共同作業である。

⑥役立つ解釈に到達しようと思うなら、セラピストはできるだけ幅が広く懐が深いほうがいい。つまり、夢に出てくる素材に対するいろんな意味や象徴をできるだけ多く把握しておき、同時にそれにとらわれずに自由に見ていくことが大事である。筆者は、役立つ解釈が正しい解釈だと考えている。その意味で、古来から人類が積み重ねてきた象徴は大いに参考になるが、それにこだわらないほうがいい（「パターンとなっているような象徴に全面的に依拠する」のも問題であるし、「一般的な象徴をまったく無視する」やり方も有害である）。

⑦役立つ解釈のためには、夢の部分だけにこだわらず、夢全体から判断するべきであるし、また夢を見た時の、夢見手の状況、歴史性も配慮すべきである。特に、夢見手と治療者の治療関係は、夢そのものや夢解釈に大きな影響を与えるし、また逆に夢が治療関係を変化させるということもあり得る。

⑧解釈は時間的経過によっても変化する。たとえば、「川を渡る」という夢に対して「決断を要請されている」という解釈がその時点で正しくても、一〇年後には「あの渡河の夢は『浄めが必要である』ということを意味していた」というようになる時もある。

⑨夢は一つの夢だけで考えずに、多くの夢の系列の一つと考えたほうがいい場合も多い。

⑩初回夢はとても大事である。今後の治療やその人の課題が出ている場合があるから、かなり注意して取り扱うべきである。

⑪重要な夢とそうでない夢の区別も大事である。重要な夢の中には、ビッグドリームと呼ばれるものがある。これは、重大なメッセージや人生の転機に役立つ示唆が含まれている場合もあるが、夢見手が自我肥大に陥らないように気をつけないといけない。自我肥大になると、幻想を現実と思い込んでさまざまな不都合な行動を起こしたりする。

⑫夢の解釈は、原因（なぜこの夢が出てきたか）より目的（何のためにこの夢が出てきたのか）を考えたほうがいい。つまり、この夢のメッセージや、この夢の出現の目的などである。ユングが夢に関して「動力因と目的因の概念を考慮に入れておくのがよい(41)」と記しているのは、その意味である。しかし、夢の目的を正確に把握するためにも、夢の発生原因を知る必要がある。原因と目的は不即不

離の関係にある。

⑬セラピストが夢にばかり夢中になって肝心の治療を忘れてはいけない。患者も同じで、夢の話だけになり、治療が前進しないということにならないように気をつけるべきである。しかし、時に治療を忘れるほど夢に熱心になることが、かえって治療的になる場合もある。

⑭夢や夢の記録に夢中になって、不眠をもたらしたり、社会的不適応を招く危険がある。しかし、一方で、そのぐらい夢にのめり込むことで、その人がある種の硬直性を打ち破れるかもしれない。要するに、夢にこだわるのも、夢を部分的なものとして位置づけるのも、その人の決断次第ということだろうか。

⑮患者が夢を見ない時、夢好きのセラピストはイライラするかもしれないが、逆に「なぜこの患者は夢を見ないか」（正確には「なぜ夢を思い出せないか」ということ）を考えることで、その患者に対する理解が開ける時がある。

⑯「夢は嘘をつかない」とよく言われるが、一方で夢ぐらい嘘が上手なものもない。夢の通りにして「ひどい目にあった」という話も時おり聞くし、夢は時に、虚偽的な幻想をもたらすことがある。セラピストとして大事なことは、「嘘とは何か」「本当とは何か」を夢を通して探ることであろう。

以上のようなことが、今の時点で浮かんできます。これは、また時間とともに変化するでしょうが、とりあえずはこれぐらいにしておきます。(42)

◆3◆……薬について……◆

(1) 高まる薬への関心

本書は、心理療法やカウンセリングを中心にしているので、ここで薬をとりあげるのはどうかと思いましたが、現実には、①カウンセリングを受けている多くのクライエントが薬を服用している事実があること、②薬であまり改善しない患者が精神科医からカウンセラーに紹介されてくること、③薬もカウンセリングと同様、重大な治療要因であること、④カウンセリング中に薬のことが話題になることがあり、それが治療の行方に関係することから、薬のことをとりあげてみることにしました。

実際、本書だけではなく、ある精神療法の雑誌の中に、臨床家のための精神薬理学の連載が組まれたり、臨床心理士の集まりの中で薬を主題にした勉強会が出てきたりしています。また個人的なことになりますが、二〇〇五年の「日本心理臨床学会」のワークショップで筆者が薬物療法の基礎についての講師を命ぜられたりして、臨床心理士の側でも薬に対する関心が高まってきているのです。

それゆえ、ここではカウンセリングや心理療法の促進のために薬がどのような役割をしているか、そして薬を治療促進的に使うにはどうしたらいいいか、あるいはカウンセリングの場面で薬の話題が出てきた時、どのようにそれを取り扱うといいかといったことを念頭に薬のことを説明していきます。

(2) 心の病の薬とは

薬とは、もともと「楽」をもたらす草（楽という字に草冠がついている）であり、「苦去り」「苦少なし」（「くすり」の語源）ということもあって、病苦にのたうちまわっている人間に少しでも楽や安らぎを与えようとして発見・発明されてきたものです。

薬は、その意味ではどんな薬でも精神に影響を与えますが、その中で特に精神や心に作用するものとして、抗不安剤、抗うつ剤、睡眠剤、向精神薬（強力安定剤）といった精神薬があります。

(3) 精神薬の効能

a．精神薬の効果

精神薬は主として「心身を楽にする」「不安、気がかり、心配、緊張を減らす」「イライラ、不満、怒り、あせりの緩和」「気分の改善、気力の増大」「睡眠の改善」「冷静さ、安らぎ、自覚、落ち着きを取り戻させる」といった効能があります。

一つ注意すべきは、それらの効能は確実ではなくて、そのクライエントの状態、状況、治療関係などさまざまな要因により、普通に効く場合もあれば、まったく効かないどころか副作用だけがひどく出てくることがありますので、薬を絶対視しないことが大事です。かといってまったく役に立たないと切り捨てるのも問題があります。

もう一つの注意は、抗不安剤、抗うつ剤、睡眠剤、向精神薬の間で、薬の効能の性質に関してはそんなに差がないということです。具体的に言うと、抗不安剤には不安を和らげる効能だけではなく、抗うつ効果もしっかりとあります（効能書きにも明確にそれが記載されています）。抗うつ剤の中には、強迫に効くものもあり、さらには不安神経症（パニック障害）に効果のあるもの（パロキセチンなど）もあります。また睡眠剤を昼間にのんで楽に過ごしたり、逆に抗不安剤を眠前にのんで熟睡を助けるということもあります。このことから言えば、抗うつ剤も抗不安剤も等しく「心の安らぎ」を目指していることになるのでしょう。

それでは、以下に、うつ病患者に対する抗うつ剤使用をモデルとしながら、筆者が薬をどのように考え、どのように使っているかを述べていきます。

b. 抗うつ剤の目的

抗うつ剤は、いわゆる気分改善、精神運動賦活（気力増大）、鎮静・抗不安といったことを期待するわけですが、うつ状態の様相・程度、患者の状況・気持ちによって、使用する目的はさまざまです。だから、セラピストは、患者が今何を求めているかを大局的に見ながら、とりあえず何がこの患者に必要なのかをよく見ておくことが大事です。

筆者自身は、薬はあくまで補助手段であって、その人の心の安らぎや成長のための一種の方便だと考えています。たとえば、うつ状態、不安状態がひどすぎて考えることすらできない状態から、薬を使うことで少しは余裕を持って自分を見つめ直すことができるほうが、カウンセリングや心理療法は進むわけですから、そんな場合、大いに薬は役に立った、少し大げさに言うと、薬の魂が生かされたということになります。

もっとも、あまりに薬をのみすぎて、気持ちはいいが眠気が強くて、考える気がしないとなれば、自己成長のための心理療法の妨害になる可能性がありますから、その辺のさじ加減は難しいところです（この点で言えば、憂うつや葛藤や苦悩を必要以上に薬で抑え込まないことが大事かもしれません。ほどほどの不安、苦悩、憂うつ、葛藤などは人間の成長にとって不可欠ですから）。

もちろん、筆者は、すべての人に成長を求めているわけではありません。その人が、とにかく不眠だけを解決して欲しいということであれば、それに応じた対応をする（睡眠・生活指導に加えて軽い睡眠導入剤の処方）ことにしています。ただ、不眠の場合でも、その人の人格の問題点がかなり影響している場合がありますので、その場合の対応は自ずと心理療法的になっていきます。

C．抗うつ剤使用にあたっての注意

［患者への説明］

一般的には、診察・面接による受容・共感、病歴聴取を通して、信頼関係の芽生えといったものが生まれてきたら、薬物の効用や必要性を説明します。この時は、原則として薬の名前や副作用の説明もします。

この効用の説明の仕方はいろいろあって一概にこれと言えるものはありません。例を少し挙げてみますと「今は、脳の疲労が頂点に達していて、この疲労を和らげるのは薬がいちばん有効です」とか「脳がいわばオーバーヒートの状態になっていて、薬で少し冷やす必要があるのです」とか「（種々の疲労が重なって）脳の働き、神経伝達物質の働きが悪くなっていて、薬を使うことで、その働きを正常化します。今、形だけ休養をとっても、脳内の休養は薬でないと難しいです」（理屈好きでインテリの方には、これがいいようです）といった言い方があります。さらには「理屈では不安、憂うつを受け止めながら、生きていかねばならないとわかっても、苦しくて耐えられない時、薬で

楽にするのを助ける」とか「苦しさ、不安がひどすぎると正しく考えられないので、物の道理に沿って考えるのを助けるために薬を出します」という言い方もあります。

また、もっと簡単に「薬で、気分が良くなります」「意欲が出てきます」「イライラ、不安、苦しさが楽になります」「ゆとりと安らぎが得られます」「正しく幅広く考えやすくなります」といった簡単な説明でもいいと思います。もし、こうした説明で納得していないように感じたら「今の説明でわかりましたか?」とか「今の説明で、何か質問はありますか?」と聞いてみるのも大事なことです。そこで、患者が疑問を示してきたら、もちろん納得のいくところまで話し合うことが大切です。

しかし、大事なことは、抗うつ剤を投与した後、効果出現までには早くても一~二週間(もちろん例外があり、二、三日で効く場合もある)かかるので、効果がすぐ出てこなくても、服用し続ける必要性を説いておきます。場合によっては、受容体の感受性の正常化に時間がかかるという説明も有効です(神経伝達物質を受け取る受容体が過敏になりすぎていると、過度の不安やイライラを引き起こすことになりますので、そのために、過敏になりすぎている受容体がほどほどの敏感さになることが望まれるのです。もっとも受容体機能の正常化は、カウンセリングやリラクセーションでもなされると筆者は推測していますが)。

薬の名前は、本人に安心感を与えるだけでなく、うつ状態の治療にあたってしばしば話し合いの材料になりますので、覚えておいてもらうほうがいいでしょう。もっとも、高齢の方などで「すべておまかせします。薬の名前など言われても覚えられません」というような方にまで、無理に教える必要はないと思われます。

主な抗うつ剤は以下の通りです。

・三環形抗うつ剤……イミプラミン（商品名はトフラニール）、クロミプラミン（アナフラニール）、アミトリプチリン（トリプタノール）、ノルトリプチリン（ノリトレン）、アモキサピン（アモキサン）、ロフェプラミン（アンプリット）。

・四環形抗うつ剤……マプロチリン（ルジオミール）、ミアンセリン（テトラミド）、セチプリン（テシプール）、トラゾドン（レスリン、デジレル）。

・SSRI……フルボキサミン（ルボックス、デプロメール）、パロキセチン（パキシル）。

・SNRI……ミルナシプラン（トレドミン）。

［抗不安剤や睡眠導入剤の併用］

抗うつ剤の効果発現まで時間がかかると言いましたが、現実の患者は苦しくてたまらないし、そんなに待っていられないというのが現状だと思います。そんなこともあって、筆者は、多くの場合、速効性で抗うつ作用も少しある抗不安剤、エチゾラム（デパス、エチセダン）やアルプラゾラム（コンスタン）などを併用したりします。また、睡眠がとれることも、ずいぶん患者を楽にし、冷静さも増しますので、睡眠導入剤を併用することもあります。もっとも、抗不安剤だけで睡眠が得られる場合もあるので、その場合は抗不安剤だけの併用にします（これでもわかるように、抗不安剤も睡眠剤も立派に抗うつ効果を持ち、また逆に抗うつ剤も、抗不安作用があるのです。したがって、抗不安剤と抗うつ剤のいちばん大きな差は、その効能にあるのではなくて、前者が比較的即効性があるのに対し、後者はじっくり効いてくるということではないかと思われます）。

もちろん、この場合でも、抗不安剤の効用、名前、副作用の説明、使用上の注意は必要です。

［薬に対する理想化（薬幻想）と否定的態度］

ところで、先に述べたように、抗うつ剤の効果は確実ではありません。せいぜい六〜七割と言われています（薬の効能書きにもそれは、はっきりと記載されています）。また効き方にもいろんな程度がありますが、この真実を正しく知ってもらうことはとても大事です。というのは、薬を服用すれば一〇〇パーセント治ると信じていた患者の場合、なかなか治らなかったら、「薬ですら効かないほど自分の病状は悪いのか」と絶望したり、またはいたずらに薬を変えるだけに終始して、治るための別の治療法（心理療法、家族カウンセリング、環境調整など）の開始が遅れる場合があります。

さらには、治るといっても、かなり楽になる場合もありますが、ほんの少しの場合もあるのです。この時、患者が「過度の爽快感」を期待していたとして、少ししか効かなかったとしたら、効いた部分は無視され、「全然効かない」と薬への否定的態度を強める可能性が生じ、少しは有効なのにまったく服用しなくなり、うつ病が遷延する危険性があります。つまり、薬を理想化することの害が生じるのです。これは特に未熟人格や境界例や自己愛人格障害で起きやすいので、彼らの理想化には気をつけておく必要があり、薬の現実を示しておかないといけません。

しかし、いきなり「この薬は、六〜七割にしか効きませんから」と言ったら、うつ病者はただでさえ悪く考える傾向を持っているので、「そんなのだったらのまない」と、薬に対して否定的な態度をとる場合があります。そうなると、せっかく薬をのんで苦しさが楽になるかもしれない可能性があるのに、それを自ら摘み取ってしまうことになります。

だから、この説明の時、セラピストはジレンマに悩むのです。したがって、こういう時の対応はやはり多様になります。たとえば、オーソドックスには「普通は、この薬をのめば気分がよくなり、楽になり、考える力も戻ってきますが、絶対とは言えません。もし、効果が上がらなければその時点でその理由について考え、対策を探りましょう」という言い方でしょうが、最初から「服用すれば、楽になりますから」と自信を持って、簡明に告げるだけのほうがいい場合もあり、その時は、もし効かなければその時点で薬の有効性と限界性について話し合っていけばいいと思われます。

いずれにしても、大事なことは、うつ状態の治療の中での抗うつ剤、抗不安剤の位置づけ、そして抗うつ剤の有効性と限界性についての理解が得られることなのです。

そして、適切な種類の薬を適量使えるように、患者と二人で理想的な処方を共同探求していくのがいいのではないかと思われます。そして、そのためには、効く効かないだけではなく、薬がどんな変化を与えたかを正確に報告してもらうのがいいでしょう。

［副作用とその対策］

あらゆる薬に副作用がつきものであるように、抗うつ剤、抗不安剤も例外ではありません。副作用に関しては、出やすいものだがそう危険はないもの、めったに出ないが出ると大変危険なものと分けて考えておくとよいでしょう。

まず、三環形抗うつ剤のありふれた副作用（といっても一割程度ですが）としては、以下の点が挙げられます。

①眠気……これは他の安定剤でも見られるものですが、もし家で休息する場合は、「最初は眠気を感じるぐらいのほうが、脳の疲れが休まる」といった説明をしておき、もし眠気が不快になったり、日常生活に困難を及ぼすようになったり、思考能力を低下させるぐらいになると、もちろん減薬していきます。

②ふらつき……これは血圧低下によるところが多いので、ゆっくり立ち上がるよう注意しておきます。また、リズミックなどの昇圧剤を利用することもありますが、これもあまり強いと減薬します。

③便秘……この場合、普段から便秘がちの人は、一層便秘になりやすいので、便秘対策（起床時に冷水を飲む、水分を多くとり、繊維質の多い野菜をとること、便意があってもなくても一日二回は便器に座る習慣をつけること、便意があれば決してがまんしない）を指示した上で、漢方の便通改善剤や、下剤を渡しておきます（以上の便秘対策が実行できない、または実行してもすぐに効果が出ないことがあるからです）。

④口渇……口が渇くのも不快な症状ですが、これは、もともとのうつ病や神経症の症状と区別ができないところがあります。しかし、不快なことに間違いはないので、漢方の白虎加人参湯《びゃっこかにんじんとう》やチスタニンといった薬、サリベートといった人工唾液、ガム、レモンのしぼり汁を入れた水などを試します。

⑤排尿困難……これも不快ですし、尿閉までいくと大変ですから、ジスチグミン、ベタネコール、八味地黄丸《はちみじおうがん》などを使うなりしたり、また抗うつ剤を減量します。

⑥かすみ目……これも生活に支障が出るぐらいだと、減薬するか、抗コリン作用の少ない薬剤に変更することが大事です。

あと、まれにですが、重大な副作用としては、せん妄状態、腸閉塞、悪性症状群（高熱が出るなど死の危険もある）、造血障害などがありますが、筆者の経験によれば、重大な副作用はたいてい高齢者や、食欲不振・脱水が強く体の衰弱している人に出る場合が多いので、そういう人には低量の慎重投与が必要でしょう。

現在、抗うつ剤の主流となっているＳＳＲＩの副作用は、これら三環形抗うつ剤に比べて少ないため、人気があるのですが、それでも初期に吐き気や下痢などの消化器症状が現れることがあるので、初期は胃薬と同時に出すこともあります。また時に眠気が出たり、逆に不安・イライラ・不眠といった神経系の副作用も、一割ほど出たりします（これらはＳＳＲＩの減量や他剤投与といった対処をします）。それと、かなりまれですが、セロトニン症候群という重大な副作用があります。これは錯乱、焦燥、悪寒、震え、下痢、発熱、手足が思うように動かない、ミオクローヌス（細かい不随意的な筋収縮）といったものです。ただ、重大と言っても、Sternbach によれば、九年間で三八例の報告があり、その中で死亡例は一例だけですので、悪性症候群ほど危険ではありません。

［副作用の説明］

ここまで、主要な副作用を挙げましたが、実際にはまだ多くの副作用があります。この副作用の説明も、薬の効用の説明と同じく難しいものがあります。きちんと説明することは必要ですが、あまり詳しく説明しすぎると、怖くてのめないことになり、その結果、いつまでもうつや不安に苦しみ続けることになります。いわば「副作用を知りすぎることの副作用」が生ずるわけです。

要は、「副作用は少しはあるが、そんなに心配しなくてもいいし、それに応じて適切な対策を講じるので、副作用らしきものが出てきたら、早めに医師に告げて欲しい。また副作用を恐れてのまない場合のほうが、はるかに害が大きいので、副作用が出たからといって、自分の判断だけで中止しない」といったことが、患者に伝わればいいのです。

今の話は、副作用が小さい場合を指すわけですが、もし作用と副作用が同じ程度であれば、のむかのまないか、のむとしたらどの程度のむか、どれがいちばんメリットが多く、デメリットが少ないか話し合う必要があります。

患者の中には、副作用や依存性（特に抗不安剤に対する依存性）を恐れすぎて、せっかくの有効な薬を使えない場合があるので、この副作用恐怖、依存性恐怖について、徹底的に話し合うことが大事になります。

それと、薬剤性の肝障害もあるので、先の重大な副作用防止のためにも、定期的な尿・血液・心電図検査などが必要です（人間というのは面白いもので、薬に関しても、かなりの幻想を持ったり、逆に過度の恐怖を持ったりして、両極端に振れやすいのです。中道を正しく見るというのは、なかなか難しいものだと言えます）。

［実際の使用に際して］

さて、以上のことを踏まえて、実際の使用ではなるべく本人の状態に適した、副作用の少ない薬を選ぶことが大事でしょう。たとえば、最近でてきた、ＳＳＲＩ系（選択的セロトニン再取り込み阻害剤）のフルボキサミン（ルボックス、デプロメール）、パロキセチン（パキシル）などは、副作用が比較的少ないことから使いやすいと言えます。

使う時は、副作用に気をつけながら比較的多めに使うほうが望ましいでしょう。具体的に言うと、二～三日処方して、副作用がなければ漸増して、二週間以内で十分効果が得られる量まで増やして出すことが肝要ということです。

ただし、最大に近い量を出して、四～六週間見ても変化がなければ、別の抗うつ剤に変更することが望ましいとされます。

また、従来の抗うつ剤で効果がない場合は、リチウム製剤（本来躁うつ病の躁状態に使用された薬であったが、ある種のうつ状態に効く場合がある）や、リタリンといった精神刺激剤（ただし、刺激作用があるので夜は使用しないし、依存性に注意）、スルピリド（意欲低下や食欲低下に効くが、肥満や無月経に注意）、カルマバゼピンやクロナゼパム（両方とも抗てんかん剤として使用されるが、他の抗うつ剤が効かない時に有効な場合がある）、女性ホルモンや甲状腺ホルモン剤（有効とされた例があるが、はっきりはしない）などを使うのも一考でしょう。

それから、身体症状が頑固に続いている場合などは、漢方を使うこともありますが、この場合は、虚実、陰陽、気・血・水に関する知識（気うつ、気虚、気逆、於血、血虚、水毒など）を総合して、証《しょう》を推定してから使う必要があります。漢方薬でも証を誤れば、副作用が出ることがありますから。

(4) カウンセラー・臨床心理士にとっての薬

精神科医が、治療にあたって、薬だけでなくカウンセリングやカウンセリング的診察を必要とするように、カウンセラー・臨床心理士でもカウンセリングにあたって、薬が必要になる場面があります。まず、多いのは不眠で、それに関連するイライラ、抑うつ、強度の不安・恐怖、身体的疲労などですが、それだけではなく過度の怒りや不満、また過食や拒食といった摂食障害、さらには幻覚・妄想、錯乱状態でも薬が必要になる場合があります。

薬が必要になるかもしれない場面の時、カウンセラーはどうすればいいかを少し考えてみます。

a．単独でカウンセリングをしている場合

一つは、クライエントがカウンセリングを受けている最中に、不眠、不安、抑うつ、疲労などを訴えてきた場合です。この時、カウンセラーは、カウンセリングだけでこの人の不安・不眠は解決しそうという見通しを持っていた場合は、その不安・不眠に焦点を合わせ、別に薬の話や精神科医への紹介の話などはしなくていいと思われます。ただ、場合によっては「あなたの不安・不眠は、基本的にはカウンセリングで解決していくものだと思うけれど、応援部隊として薬を使うのも一つの方法です。決してのみなさいと勧めるつもりはなく、一つの情報提供のつもりで言っているのですが、どうですか？」という言い方をするのも一法です。もしクライエントが薬の助けを借りて、カウンセリングを続けるというなら、適切な精神科医を紹介してあげることになります。ですから、カウンセラーにとって、連携できる精神科医を持っておくことがぜひ必要なことになります。

この時、クライエントが迷ったり、あまり望まないような感じであれば、無理強いしないほうがいいでしょう。ただ、場合によっては迷いの理由を聞くのも一つです。また、紹介にあたってクライエントはさまざまな思い（カウンセラーから見捨てられるのではという不安など）を抱くので、それ

を尊重しておくことが大事かと思われます。

一方、カウンセラーのほうが、より積極的に、このクライエントには薬を補助的に使うほうがいいと考えた場合は、その理由をクライエントに告げ、話し合った上で、やはり合意のもとに精神科医を紹介するということになります。

二つ目は、同じことですが、今度はクライエントのほうから、「薬をのんだほうがいいでしょうか?」と言ってくる場合です。この場合、カウンセラーは「私は薬のことはわからないから、お医者さん（精神科医）のところへ行ってください」とか「それでは、すぐ医師を紹介します」と応じるのも一法ですが、もう少しそこで「本人が薬を利用したい理由」「薬に期待しているもの」「この時点で薬のことを話題にしてきた理由」などを話し合うことも、一つの方法です。後者の場合、カウンセリングにおける抵抗が発見でき、カウンセリングが進む場合が多々あります（クライエントはしばしば、カウンセリングへの不満、行き詰まりを「薬が必要なのでは」という形で表現することが多いということを知っておくのは大切です）。

b．精神科医と連携している場合

精神科医と連携中にカウンセリングをしている場合、時としてクライエントのほうから「先生（カウンセラーのこと）、この薬、のんだほうがいいんでしょうか?」と聞かれる場合があります。本来精神科医にすべき質問なのに、カウンセラーに向けてくるのです。この時、カウンセラーのほうが「それは、精神科の先生に聞いてください」とか「私はカウンセラーなので薬のことはわかりません」という対応もありますが、もう少しその点を深く聞く手もあります。それは「薬をのむことに心配や疑問があるんですか?」とか「もしよければどのような点で心配なのか、教えてもらえませんか?」といった質問をして、クライエントの薬に対するいろんな思い（恐怖も期待も含めて）を聞きながら、クライエントの抵抗や問題点の本質に迫っていくやり方です。

もう一つは、「薬に関して、先生（精神科医）から何か言われていますか? どういう説明を受けていますか?」とか「薬に関する心配を私（カウンセラー）と話し合ってもいいのですが、医師と相談しにくいですか?」といったことを聞いて、クライエントに精神科医との治療関係について考えさせるのも一つの方法です。

いずれにせよ、こういう中で、クライエントのさまざまな問題点（薬に対する過度の恐怖だけではなく、対人関係に対する恐怖が強い、一方的なものの見方しかできていない、精神科医に対して聞くべきことを聞けていない、自己主張能力に欠けるなど）が浮かび上がり、それをめぐって話し合うことで、カウンセリングが進むことがあるのです（それだけでなく、クライエントと精神科医の治療関係も改善することがあります）。

c. 心理療法と薬物療法は車の両輪

我々は生きる上で、人と物の両方を頼りにします。したがって、心の病の治療やカウンセリングでも、人（セラピストなど）と物（薬など）に頼るのはごく自然です。だから、心理療法と薬物療法は、治療という車を動かす時の両輪となると思われます。

もう少し付け加えておくと、先ほど心理療法やカウンセリングを進める上で薬が役に立つ（服薬により、ゆとりをもって考えられるなど）と述べましたが、薬物を処方する上でも、十分に的確にクライエントの話を聞き、薬を利用するほうがメリットが多いことや、使い方などを説明しておくといった心理療法的カウンセリング的接近で薬を処方したほうが、はるかに効果は大きいのです。

したがって、薬物療法を進める上でも心理療法は必要なのです。そうなってくると、もはや心理療法・カウンセリングと薬物療法との間にはあまり差がなくなってくる気もしますが、どうでしょうか。

さらに考えを広げると、「未熟な薬物投与（カウンセリング的接近なしの、クライエントの気持ちを配慮しない雑な薬物療法）」「未熟で頑ななカウンセリング（薬は絶対に使わないという狭いカウンセリング）」と、「成熟した心理療法・薬物療法（柔軟で、まずは患者の役に立つことを考える治療やカウンセリング）」との差のほうがよっぽど大きいのかもしれません。

(5)　薬の効果的な投与法一〇カ条

以上のように薬は役には立ちますが、大変複雑で使い方も慎重を期します。この使い方を誤ると、心の病をかえって悪化させることになる場合があります。それゆえ、筆者の経験から、薬の効果がより出る場合と、効果的な薬の使い方を箇条書きにしておきます。これは、筆者が治療において薬物を出す時に患者にあらかじめ読んでおいてもらっているものです。[43]

❶服薬の必要性の自覚。自分の意志で薬を服用しようとすること

これが不十分な場合は、受診の動機や自分の状態に関する話し合いが必要。服薬の決断がつかない場合は、強制するより、その決断できない理由を話し合う。

❷薬の知識をある程度持っておくこと

・薬の名前。

・作用……①心身を楽にする、②不安・緊張・こだわり・イライラ・怒りの緩和、③冷静さ、ゆとり、安らぎの増大、④睡眠の改善、気分の改善、気力の増大、⑤神経伝達物質の正常化などを助ける。

・副作用（過量の場合の眠気など）。

❸薬に対して過剰な期待を持たないこと

薬は応援部隊、出発点。悪循環を良循環に変えるちょっとした刺激因子にすぎない。自然治癒力の助けにすぎないということを自覚する。

薬に過剰な期待をした結果、思うように効かなかった場合、過剰な期待が裏切られて、かえってイライラがひどくなる場合があるので注意。

のんだら確実に眠れる、不安がなくなると考えるのは、期待通りにいかないことが多く、イライラし結果として不眠、不安を強める。

❹ただ、ある程度は役に立つという認識を持てること

そんなに期待はしないが、のまないよりはのんだほうがましであるといった認識を持っているのが、いちばん薬の効果を引き出せるようである。

❺副作用を恐れすぎて、必要な利用ができなくなることに注意

必要なのに利用できなかった場合、一層悪い結果を招く。

❻適剤適量が大事（適切な処方は、治療者と患者の共同作業、試行錯誤による）

ある薬が思うように効かなかった場合、患者と治療者はそのことを話し合い、二人の合意のもとに、薬の量を加減するなり、次の薬を試すなりして、試行錯誤をしながら、共同で納得いく処方を探っていく。だから服用した後の、のみごこちを治療者に報告するのは大切なことである。

各抗うつ剤や各抗不安剤は、そんなに差がないが、テニスのラケットの差ぐらいはある。自分に合ったラケット、自分の気持ちをボールに伝えてくれるラケットを選べると、打ち方が少し自然になり、それこそ良循環のようにテニスがうまくなる時がある。だから薬に差などないというのは極論で、やはりその人のその状態に合う薬や量というのはあるのである。

❼必要な医療情報を提供する

服用後、効果のほどや副作用を正しく伝えられること。

効果のなさや副作用を伝えられると、治療者は一瞬嫌な感じになるが、むしろ伝えてくれるほうが必要な医療情報が得られ、治療のプラスになる。だから、副作用を訴えた時は「よく言ってくれた」「きちんと自分の状態を観察しようとしている」と治療者は患者を評価する。

❽勝手に中断した時

責めるより前に、自分で自己治療の試みをしたことを評価し、その上で自分だけで試みるより治療者とともに試みるほうがより安全で、より確実であることを示す。

❾過度の不信も過度の期待もない治療関係の確立

治療者への幻想や転移は心理療法だけで生ずるのではなく、薬物をめぐっても生ずるので、不信という陰性転移や、幻想的期待という陽性転移については気を配っておき、いつでもとりあげられる準備をしておくこと。

⑩薬がより効果を発揮するために必要なこと

・生活態度の改善、活動と休息のリズムある生活、規則正しい生活、納得した生活。

・良き人間関係（信頼、温かさ、率直さ、相手への思いやりと尊重など）の形成

・物の考え方、認知の改善（総合的に考える、プラス思考、現実を正しく見つめる、期待しすぎない、絶望しすぎない）

・いちばん楽に過ごすこと（ほどほどの運動と休息、ほどほどの気晴らし、リラクセーション、ツボ刺激、人との対話など）……脳内に望ましい変化をもたらし、薬の効果を高める。

・治す主役は自分であるとの自覚（家族や治療者は、自分で自分を治そうとする時の援助者にすぎないという自覚。治療は、患者、家族、治療者、関係者の共同作業という自覚）。

以上のように薬はとても大事なものです。薬に過剰な期待をせず、また恐れすぎず、ほどほどに役立つ存在であり、注意してのんでいこうと考えて利用することが大事です。

●いちばん大事なこと（薬や治療だけでなく、人生を生き抜く上で）

自分の思うようにいかなくてもかまわない。思うようにいかなくても、適切な行動をして不適切な行動は控える。こうするほうが思うようにいく可能性が高くなるが、それでも思うようにい

くとは限らないので、やはり思うようにいくとは限らないという覚悟と、その時点での適切な行いは何かを探っていこうという心構えを大事にしよう。

◆4◆……リラクセーション、休養……◆

(1) リラクセーションとは

クライエントの多くは、多かれ少なかれ、緊張が強かったり、ストレス状態にあると考えられます。そのため、必要な行動ができなかったり（逆に不必要な行動をしてしまったり）、日常生活に支障が出てきたりしていることが多いようです。

だから、リラクセーションが必要になってくることが多く、またそれは重要な治療促進要因でもあります。

ところで、リラクセーションとは何か、ということですが、多くの人は、自律訓練法などの特別な技法を思い浮かべるかもしれません。ですが、そんな特別なことに限定しなくても、単なるくつろぎ、息抜き、休養、気晴らし、娯楽、レクリエーション、筋肉の弛緩、負担軽減もリラクセーションと考えてもいいと思われます。

リラックスとは、もともとはラテン語の relaxare に由来する言葉で、それは「re（離れて）＋ lax（ゆるめる)」ということのようです。これから考えれば、ほぐすこと、くつろぐことなど要するに緊張を緩めることができるのであれば、何でもいいことになります。たとえば、単なる対話式のカウンセリングであっても、クライエントが喋るだけ喋って「すっかり心がほぐれてすっきりした」と感じれば、それは立派なリラクセーションです。また熟睡もリラクセーションの一つでしょう。

またリラックスを、「いちばん気持ちの良い状態」と捉えることもできます。そうすると、適度にスポーツをしたり、趣味に没頭したり、あるいは熱心に仕事をしたりしていることも、リラクセーションになるのかもしれません。だから、リラクセーションを、活動に対する単なる休養ととるより、「義務・課題」に対する「楽しみ」と捉えてもいいのでしょう。いずれにしろ、リラクセーションの範囲は広いし、奥は深いと思われます。

(2) リラックスを妨げるもの

a．活動と休息のリズム

現代は、リラクセーションばやりです。多くのリラクセーション法やリラクセーショングッズやリラックスのための健康食品などが出回っています。

これだけリラクセーションが話題になるということは、現代人がリラックスを求めているということで、逆に言えば、それだけ緊張状態にいることが多く、リラックスが難しいということなのでしょう。

我々は、普通、活動と休息をリズムよく繰り返すことで日常生活を送っています。つまり、アクションとリラックスの繰り返しなのですが、このごく自然なリラックスを妨げているものは何なのだろうか、ということが問題となってきます。

b．リラックスを妨げているもの

リラックスを妨げているものを思い浮かべると、過度の緊張、不安、警戒、不満、憂うつ、怒り、葛藤といったことが出てきます。今挙げた緊張や不安などは自然な現象であり、むしろ生活に必要なものですが、問題はこれがなぜ過剰になってしまうのかということです。

それについては、状況因子（過度のストレス状況、重い負担・責任など、リラックスを許さない状況）、性格因子（完全癖、強迫癖、A型タイプ、神経質、自責型、抑うつ性格など）、体質因子（過敏性など）などが考えられますが、その底を貫いているのは「思い通りに生きたい」という人間の欲求であり、そこから生ずる煩悩なのでしょう。

人類は、古代から今まで、思い通りに自然や物事を動かそうとしてきたし、今もそうし続けています。その結果、我々は、車、飛行機、冷暖房、コンピューター、医療技術などに代表されるような一見快適な生活を手に入れています。そうなると、人間の万能感は膨れ上がり、技術で何でもできると錯覚しがちになります。そして、人間は自分の心も自分の思い通りになると思い上がってしまいやすいのです。たとえば、ある不登校の子供を持つ親が「これだけ文明や医療技術が進歩したんでしょうから、学校へ行かせる薬はないんですか？」と問うように、人間の心も自由に操れると錯覚するのです。

要するに、文明の発達や技術革新が、人間の万能感を肥大化させ、万能感は一層、欲求を大きくさせます。欲求の肥大化は、欲求の達成強迫となり、それらは絶えず負担と緊張を与えることになります。いわば、文明の発達と人間の欲望が、リラックスを妨害することになるのです。人間は、常に快適さを求めて、文明や技術を発達させてきましたが、それがかえってリラックスという快適さを阻害してしまうということになるのは、なんとも皮肉な話です。

ただ、このような「欲望の増大は、不安の増大につながる」という流れは、すでに二六〇〇年前に仏陀が説いた真理中の真理でもあるのです。この単純な真理を人間は忘れがちになります。この点は、仏陀まで持ち出さなくても、睡眠を求めれば求めるほど眠れなくなるという日常の単純な現象を思い出せば、技術の発達や過剰な欲望が人間にかえって害をなすということがわかるでしょう。

c. 欲望の上手な使い方

だからといって、文明の発達や欲望を悪いとするわけではありません。それはそれで人類に大きな恩恵を与えてくれるし、また人間の欲求はこれからも人類を成長させる可能性を持ちます。こうした発達や欲望の流れは、川の流れのようなもので止めることは不可能です。我々にできることは、欲望を感じた時、その欲求が、①自然に実現しそうか、②実現には少しの努力でいいか、③かなりの努力がいるか、④およそ実現不可能な欲求かを見きわめ、またその欲求がどれだけの負担とエネルギーを要求してくるかを十分に考えることぐらいでしょう。

そして、それを踏まえて、「できないことはしようとしない。できることと、できないことの区別をしておく」「欲求に対して、適切な態度（実現しやすいことから手をつけるなど）をとり、不適切な態度（不可能なことを追い求めるなど）は控える」といったことを考えておくと、心の安らぎやリラックスにつながるのです。

(3) リラクセーション実現のための前提

a. リラックスした生活態度が必要

上記のことでわかるように、リラクセーション実現のためには、まずリラクセーションを妨害するものをできるだけ避けることが必要になってきます。そのためには、無理な欲求・課題、過度の負担・重荷を避け、活動と休息のリズムある生活が大事になってきます。要するに義務的な活動（仕事など）だけではなく、リラックスした時間が必要なのです。

b. 実生活でのリラックスの困難さ

しかし、これが難しいのです。我々は、つい知らず知らずのうちに無理なことをしてしまいやすいし、またわかっていても、ついあれもこれもとなりやすいようです。さらに自分では無理なことはしないと思っていても、この複雑な現代社会の歯車の中でついつい無理をさせられてしまうことがあります。

c. 欲求のコントロールと心身へのいたわり

この時、緊張の背後に、義務や負担の重さを見、さらにその後ろに存在する限りない欲望を見つめ、その適切なコントロールが必要になるのです。

また、我々はどうしても目に見えたものに価値を置きやすいという点があります。つまり、目に見える、数字に現れる業績にこだわりやすいのです。しかし、そうした活動を支える心身のエネルギーも大切なものです。この時、目に見えた活動と同じくらい、目に見えない「心や体へのいたわり」を重視できることが、健康の維持要因になります。

(4) リラクセーションの実際

a．リラクセーションが求められる場合

ところで、実際の臨床では、どのような場合にリラクセーションが行われるのでしょうか。これは、種々の場合があるのですが、いちばん多いのは、生活や考え方においてリラクセーションが大事だということがわかり、なるべくリラックスを重視した生活をしているが、それでも身体のほうでどうしても緊張が和らがないといった場合でしょう（いくら理屈でわかっても、身体レベルで理解、実感するにはそれなりの訓練が必要です。これは、仏道修行が、教典の理解だけではなく、肉体の訓練でもあることと似ています）。

それとともに、いきなりリラクセーションを求めてくる人もいます。そういう人は生活態度を改めれば、それなりのリラックスが得られるのに、技術的に「緊張除去」を願うのです。しかし、こうした場合でも、うまくいけばリラックスの大事さがわかり、リラクセーションの営みを日常生活の中に生かしたり、生活そのものをゆとりのあるものに変えていこうとする方向にいけるかもしれません。

また、医師などからリラクセーションを勧められて、何かよくわからないまま始める人もいます（これも、やっている間にリラクセーションの重要性に目覚めるかもしれません）。

同じようなことですが、コミュニケーションの一つとしてリラクセーションが使われる場合もあります。たとえば、学校などで、言語による交流が難しい生徒たちに対して行われる臨床動作法などです。この動作法は、鶴光代[44]によれば、リラックスの仕方や安定感・安心感を自分の中に育てて

いく成長援助として、あるいはストレスマネジメント教育として教室で用いられている、とのことです（特に自分に向き合えない子供や言語表現が苦手な生徒に対して）。この場合、うまくいくと、子供の中にリラックスだけではなく、安心感や信頼感が生まれ、かえって言語表現が可能になっていく可能性があります。

さらに、子供だけではなく、なかなか交流が生じにくい統合失調症の患者に、ツボマッサージや経絡法といったリラクセーションを行い、それで心身が楽になり、ラポールがつきだしたという例もあります。また交流が表面的にしか行われない心身症患者にも、身体リラクセーションのほうが有効になることが多いのです。

それから、セラピスト自身が臨床活動によるストレス軽減のために、自らリラクセーションを行う場合も多いです。これは、うまくいくとセラピストにゆとりや休養を与え、クライエントにとって治療促進要因になるでしょう。

b. リラクセーションの技法

このような中で、自然と人間はリラクセーションの必要性を感じさせられ、多くの技法が考案されてきました。その中の主要なものをまとめると、次のようなものになるのでしょう。

［漸進的弛緩法］

これは、ジェイコブソン（Jacobson, E.）[45]の創出したリラックス法で、いったん筋肉を緊張させてその後弛緩させる方法です。いったん緊張させるという点が大事で、そうするとその後の弛緩（リラックス）が、より新鮮にはっきりと感じられることになります。また緊張・弛緩の繰り返しにより自分で自分の体をコントロールできる感覚を得ることになるでしょう（考えてみれば、緊張・弛緩というのは、一般の活動・休息と同じことで、そうした自然のリズムのエッセンスを緊張・弛緩という方法に凝縮したように思えます）。

［自律訓練法[46]］

これは、シュルツが考案した心理生理的治療法で、主に「心身を緊張から弛緩へと変換させること」を目的にしています。

この方法は、重感→温感→心臓調整→呼吸調整→腹部温感→額部涼感といった練習で進んでいきますが、筆者の経験では、重感を感じるだけで、すでにリラックスしたと感じられるので、最後までいく必要はないと思います。

［バイオフィードバック法[47]］

この方法は、自分の不随意反応（心拍、呼吸、血圧、筋肉活動、脳波、皮膚温、皮膚電気反応など）をある装置で検出して、その反応変化を知らせてもらえる（feed-back の feed は「与える」という意味。だからフィードバックとは、得られた情報を与え返すという意味になる）ことで、自分の不随意反応を少しでも自己調節しようという試みです。

これは、自分だけではなかなかリラクセーションができない人に有効であるだけでなく、リラクセーションに興味を持たせる意味でも重要です。たとえば指先に器具を取りつけ、脈拍をはかり、自分ができるだけリラックスしようとして、脈がゆっくりになりだすと、とても興味を抱き何度でもやってみたくなります。そのうちに、器具を使わなくても脈拍緩徐の状態（すなわちリラックス状態）がわかることになり、リラクセーションを自力でやりやすくなるといった具合です。

［系統的脱感作(48)］

これは、ウォルピ（Wolpe, J.）の考察したリラクセーションのやり方です。たとえば、不安に感作された（ある事象により、生体において不安という反応性が増大したということ）患者に関して、その感作された状態を正常に戻す（すなわち、不安反応性を減らして正常に戻す）ということ、すなわち脱感作ということです。

不安神経症や強迫神経症といった患者に使われることが多いですが、それだけではなく不安や緊張のために行動が制限されている人に広く有効です。筆者の経験では、きちんとした系統的脱感作のやり方によらなくても、①クライエントとともに行動の分析をし、②改めやすい行動（またはぜひ改めたい行動）の優先順位を決めていき、③行動を改めるためにできそうなことを共同で決定し、④やってみた結果を検討し（この場合、全然できなくても、しようと思ったということをまず評価してあげることが大切で、「思う」から「実行」に移せなかった理由をともに考えることが大事）、⑤再度、将来の計画を立てるといったことで、十分クライエントの行動改善が可能になります。

系統的脱感作に限らず、行動療法から学ぶことが多いですが、そのポイントは「できること、できやすいことから始めていく」「理想の行動に達していなくても、今できていること（通院できている、治療者と話ができているなど）を評価する」といった点と思われます。リラックスも、すぐ理想のリラックスに至らなくても、リラックスしようと思っただけで評価できるのです。確かなことはわかりませんが、仏陀は「何か願っただけで、一割実行したことになる」という大変ありがたいことを言ってくれているのです。

［呼吸法］

呼吸という活動は大変不思議なものです。自分の思うようにならないものでありながら、またある程度自分でコントロールできるものだからです。

この二重支配（無意志的な自律神経の支配、意志的な体性神経の支配）は、呼吸において特異的であると言えますが、この意志によるある程度の支配にも関連があるのか、呼吸と精神活動とは関係が深いです。だいたい、息という字が「自らの心」となっていることからも、それが言えるでしょう。

このように、呼吸は心でもあるわけですが、そのこともあって、リラクセーションのための多くの呼吸法が工夫されてきています。このことは、すでに紀元前から気づかれていて、仏陀がリラックスのための呼吸法を示してくれています。それは簡単に言えば、腹式呼吸でしかも長息、特に長呼を特徴とした呼吸法です。呼吸と言えば、すぐ吸入を考えますが、本当は呼《は》くことのほうがはるかに大事で、呼くことが十分にできれば何もしなくても自然に空気は吸入されます（これは、スキューバダイビングの時の呼吸法と同じで、ダイビング中、とにかく呼ききることに集中すれば、潜水中の呼吸はうまくいきます。初心者は恐れもあってか吸うことに気がとられるため、かえって苦しくなってしまうのです）。

長呼気法の具体的なやり方は、①静かなところでリラックスした姿勢をとる、②軽く息を吸う、③次にゆっくり力強く一五〜二〇秒かけて呼ききる、④ゆっくりおなかを膨らませて空気が自然に入ってくるのを待つ（五秒）、⑤再び③のように呼ききるという形で③と④を繰り返して、呼吸の数を数える。三回で一分として三〇回（一〇分）もやれば、脈も遅くなり、気持ちもゆったりしてきます。筆者の経験では、いちばん簡便で確実なリラックス法であり、不眠症にも効果があります。

［瞑想法］

瞑想とは、瞑（「目をふさぐ」という意味）にして想うということから、「目を閉じて静かに考えること」です。ただ、禅での瞑想は、目を閉じてはいけないということになっています。筆者も真言律宗の僧侶から瞑想法を学んだ時、目は半眼にしておくように言われました。これは居眠りを防ぐという意味もありますが、注意を内側にも外側にも片寄らずに向けることと、どちらにもとらわれないことを指すのでしょう。

座禅の目的や悟りの境地がどんなものであるかは、想像もつきませんが、いずれにせよ、瞑想をすると、たいていはすがすがしいすっきりした気持ちになります。道元が「座禅は大安楽の法門なり」と言ったように、要は気持ち良くなればいいのかなとも思います。

c．リラクセーション技法に共通するもの

b．に挙げたさまざまなリラクセーション技法は、結局は緊張のほどほどの緩和を目指しています。各人は好みによってどれをとってもいいと思われます。要は続けることが肝心です。

d．その他のリラクセーション

他に、リラクセーションに役立つものとしては、香り、ハーブティー、音楽、食べ物（チーズ、ホットミルクなど）、薬物といったものがあります。

これらは、クライエントに教えてあげると役に立つことが多いようです。実際、筆者も含めて、

ハーブティーやモーツアルトのおかげで、睡眠の質が良くなり、毎日をゆったりした気分で過ごせるようになった人は少なくないと思います。

もっとも、こうしたリラクセーション法は、クライエント本人が考えればいいことですが、意外とそうしたリラックス情報を知らないことが多いので、できるだけ教えてあげるようにするといいでしょう。ただ、それでもあまりリラックスできない場合は、もっと別の深い心理的抵抗が潜んでいると考えられます。その時は、その抵抗についての取り扱いが中心になってきます。

◆5◆……連携について……◆

(1) 連携は大事な営み

a．日常の中での連携

カウンセリングや心理療法では、しばしば他職種との連携が生じます。セラピストがカウンセラーまたは臨床心理士であれば、精神科医との連携がいちばん多くなるようです。その他、他の身体医、ケースワーカー、学校の先生（スクールカウンセラーの場合は特に）、看護師といった専門職との連携以外に、企業の上司、人事関係者、施設の関係者、さらには家族といった形での連携も生じます。要するにクライエントに関わる重要な人物との連携が必要になる場合が多いのです。

b．連携の成否が治療の鍵

この連携という治療作業はとても重要です。連携がうまくいく、いかないで、各々の治療力が十分に引き出され、カウンセリングが豊かに展開する場合もあれば、逆に治療が停滞または破壊的になってクライエントに多大の迷惑をかけることにもなります。

カウンセリングを深く理解している方は、この連携の重要性をよくわかっていると思うのですが、よく考えてみれば、もともとカウンセリングそのものが、カウンセラーとクライエントとの連携・共同作業なのです。だから、連携という作業は、単に専門家の間だけのものではなくて、広く治療に共通する基本的営みと考えておけばいいでしょう。

c．よい連携とは

そして、この連携作業が、①相手と波長を合わせ、②互いの役割を明確にし、③共通の治療目標に向けて進み、④お互いの役割や苦労や限界を理解しあっており（無理な期待を相手に向けないようにする）、⑤言いたいことが言え、⑥互いに支え合う、といったようになっていると、連携がうまくいっていることになるのでしょう。

(2) 連携の実際

では、連携や協力関係は、実際にはどう行われるか、一応ここでは、カウンセラー・臨床心理士と精神科医の関係で見てみましょう。

a．紹介されてきたクライエント

病院で勤務している時はもちろんですが、開業していても、精神科医からクライエントのカウンセリングを依頼されることが多いものです。

他の重要な営みと同じく、カウンセリングでも最初が肝心です。最初にボタンを掛け違うと最後まで影響します。だから入口が出口を決定しているというほど、初期の対応が大事になってくるのです。

その意味で言うと、精神科医からカウンセリングを依頼された時は、次の点に注意しておくことが大事です。

①病名（一応の）、状態像、問題点、問題点の核心。
②医師の考えている見通し、予後。
③医師は何を依頼してきているか（カウンセリングに何を求めているか）。
④クライエントの治療意欲（モチベーション）の程度や内容（これは、カウンセリングへの意欲と、医師の治療への動機と分けて考えるほうがいい）。
⑤クライエントは、医師からカウンセラーにリファー（紹介）されたことをどう思っているか。医師から見放された感じや、厄介払いされたという感じがないかどうか。
⑥クライエントにあまり自覚と治療意欲がない場合（統合失調症の場合など）、治療期待がひどく歪んだものである場合（原始的理想化、過剰な投影同一視など）、現実的・合理的認識のない場合、解離状態が強い場合など、要するに本人とカウンセリング契約を結びにくい場合は、家族との関わりも重要になってくる。

だから、医師に、家族とどう関わったらいいか、家族とも治療契約を結ぶべきかどうかを聞いておくことも大事。
⑦予想される危険（行動化、悪性の治療抵抗、悪性退行、錯乱状態、希死念慮、カウンセラーへの激しい転移など）、その危険に対して医師はどのように対処してくれるか（入院、その他）、カウンセラーはどうしたらいいか。
⑧医師の役割とカウンセラーの役割の明確化（重なることが多いので難しいが）。
⑨症状の原因や背景に対する医師の考え。
⑩これまでの病歴。
⑪これまでの医師とクライエントとの治療関係や治療歴。
⑫カウンセラーの医師への適切な連絡手段。

これらのことを精神科医から聞いておいて、その所見を参考にするといいのですが、医師は多忙であることが多く、またこういったことを全部把握しているかどうかわからないところもあります。したがって、そうした事情を踏まえた上で、どうしても聞いておいたほうがいい点（③、⑦、⑧など）だけは聞くことにして、後はまたそのつどゆっくり探っていくというようにすればいいのではないかとも思います。

それと、カウンセラーがある程度そのクライエントの病状や問題点、見通しや予想される困難・危険がわかっていたとしても、やはり医師の意見を聞いておくといいでしょう。これは、何もクライエントの情報を手に入れるといったことだけではなく、医師がどこまでわかってくれているか、どこまで頼りにしていいか、といったことがつかめるからです。

それから、これはとても手に負えないと考えたら、無理はせず、「できません」と断る勇気も必要です。さらに、引き受ける場合も「どこまでできるかわかりませんが、できるところまでやってみます」と控え目気味に言っておくほうが安全でしょう。

b．心理査定の依頼

臨床心理士に対しては、心理検査が依頼されることもあります。この時も可能であれば医師に「心理検査の種類」「心理検査に期待すること」「心理検査の目標」といったことを聞いておくほうがいいでしょう。もし、医師がなんとなくということでよくわからない場合であれば、クライエントの状態を聞いて相手の波長に合わせながらテストバッテリーを組み、その後「一応、バウムテストとロールシャッハテストをしようと思いますがいいですか？」と聞いて、精神科医の許可や指示をもらっておくほうが安全でしょう。

それから、テストに関して、それがクライエントに悪影響を与えることが予想されたら、それを医師に伝えて相談する必要があります。また、テストを開始して、クライエントの状態が悪化したら、中止するなりして、適切な処置をとる必要があります。

それと、テスト結果の報告は、単なる病名のレッテル貼りにならずに、どうすればクライエントの役に立つかの指針になるような査定・診断であることが望ましいでしょう。また、医師向けの報告だけでなく、クライエント向けの報告（それを読んだクライエントの役に立つ報告であることが望ましい）を作成しておくと、医師に喜ばれます。医師は、しばしばテスト結果をどう報告していいかわからない時がありますので助かることと思います。

心理テストは、総じてクライエントが自分の心を見つめ直すいい機会です。テストというと、セラピストがクライエントを知るために行うように見えますが、実際は、テストという手段を使って、クライエントが自分の心のありようを見つめていくためのものなのです。

c．カウンセラーが精神科医に援助を求める時

a．とb．は、精神科医からのカウンセラーへの依頼でしたが、今度は、カウンセラーが精神科医の助けを借りる場合を考えてみます。そうした場合は次のようなことがあるようです。

①薬

単に症状を軽減するというより、過剰な不安・興奮・緊張・うつ気分などを緩和して、カウンセリングを進めやすくするために使います。クライエントが相当疲れている時は、休養することもできず、絶えず不安と憂うつ、イライラと怒りに苛《さいな》まれています。こんな時は、薬の助けを借りて、休養、睡眠を促すようにしたほうが、クライエントの助けになります。ベテランのカウンセラーになると、薬を使うべき時や、どの薬がクライエントに合うかを精神科医より良くわかっている場合もあります。いずれにせよ、薬が必要かなと思ったら、精神科医に相談することが大事です。もし、相談できる精神科医を持っていなかったら、周りのカウンセラーたちに相談しながら、信頼できる精神科医と関係を持つよう工夫することが、クライエントの役に立つでしょう。

②診断書が必要な時

カウンセラーが、疲労しきっているクライエントの休養の必要性を認めた時（うつ病患者の場合など）、安心して休むために診断書があったほうがいい場合があります。こんな時は、まだカウンセラーの診断書では有効でない場合が多いようなので、国家資格を持っている精神科医の助けを借ります。

③入院先の紹介

カウンセリング中に薬だけでなく入院が必要になる場合もあります。すなわち、疲労しきっていて、家庭での看護が難しい時、また興奮が強く自分を見失いそうになっている時、自殺の恐れが強い時など、治療の場所を入院に移したほうがいい場合があります。そうした場合にはやはり精神科医に相談するのがベターでしょう。入院した後、クライエントとの関係が切れることを嘆くセラピストもいるかもしれませんが、入院して落ち着いた後、その病院からカウンセリングに通うことも可能な場合がありますから、そんなに心配したり落胆したりしなくてもいいでしょう。いずれにしてもクライエントに必要と思える時に必要な援助ができればいいのですから。

④他の身体科医師への紹介

カウンセリング中に身体の調子が変化したり、身体症状が出たりする場合があります。心身一如である以上、これは当然のことです。この場合、この身体症状を放置していては具合が悪いと判断したら、精神科医に相談して、他の身体医を紹介してもらうことも大事なことです。

⑤精神科医からの助言をもらう

ある病態や症状の構造などは、精神科医のほうが詳しい場合もあるので、その時は、精神科医に聞いていくことが適切でしょう。

d．カウンセラーの精神科医への援助

カウンセラーが、精神科医に助言を求めるのとは反対に、精神科医がカウンセラーに助言を仰いだりする場合も多いです。この患者の行動の背景には何があるか、この患者の心理構造はどうなっているかなど、精神科医がカウンセラーに聞きたいことは結構あります。

e．相互の支え合い

クライエントの治療や面接はあまりに困難なことが多いので、精神科医は時としてカウンセラーにカウンセリングをしてもらったり、スーパーヴィジョンを受けたりするし、もちろん逆にカウンセラーが精神科医にそれらを頼る時もあります。つまり、チーム医療とは、相互の支え合いなのです。

f．相互指導、情報交換

その他、面接中の相互の情報交換や、スタッフミーティングや事例検討会による相互検討も、クライエントやセラピスト自身や、治療関係を振り返る意味で、とても有用です。

さらには、お互いの得意分野に関する相互情報交換も非常に有用です（たとえば、カウンセラーは、発達、行動科学、人格理論・検査、家族・社会心理学、宗教、哲学、倫理、夢、面接技術、遊戯療法などに詳しく、精神科医は身体機能、身体病理、身体症状、脳機能とその病理、精神薬理学、神経学、精神症状学、精神科診断学に詳しいかもしれない。もちろん、これは一般論で各カウンセラー各精神科医で逆のこともあり得る）。

g．連携のさまざまなあり方

ただ、両者の協力関係は、さまざまな局面で、さまざまな段階をとります。たとえば、クライエントの面接に関しても、①カウンセラーが主として面接し、精神科医はそれを見守っているだけ、②カウンセラーのほうが主だが、時に薬や診断書といった援助をする段階、③カウンセラーの面接を、精神科医の精神療法が補う段階、④心理面接と精神療法が半々の役割をする段階、⑤精神科医の精神療法のほうが主で、心理面接はそれを補うといった段階、といったものです。ただし、これはまったく人為的な分け方で、実際はかなり複雑なものです。

(3) 連携にあたっての注意

連携は、このようにとても大事なものですが、それがスムーズにいくとは限りません。そこで以下に、連携に際してどのように考え注意していくとクライエントのためになるか、私見を述べてみます。

①時として、カウンセリングや心理面接を行うと、かえって悪化するという意見を言う人がいる。危険な面接をすれば、もちろんそうしたことは起きるが、最善を尽くしても悪化する場合がある。大事なことは、悪化の意味を探ることである。多くの場合、改善や成長のための必然的悪化である場合が多い。こんな時、精神科医は、カウンセラーを支える必要がある（「良くなるためには、悪い段階を通過せねばならない時がある」といった形で）。

②また同じ意見として、カウンセリングは役に立たないと言う人もいる。これは、面接の実際を知らない人の意見としか言いようがないので、面接がいかにクライエントの援助になっているかの実際例を示すよりしようがない。また、役に立つかもしれないが、経済的に反映されないという意見を言う人には、国民やクライエントの多くが「この病院やクリニックはカウンセリングがあるので来

院したい」という声をあげているという事実を示すことであろう。

③カウンセラーにクライエントを紹介するにあたっては、クライエントの状態（困難度、自覚や治療意欲の程度、自我レベル、疎通性、行動化の有無、性格、年齢、性別など）や、カウンセラーの条件（資質、実力、経験、パーソナリティ、安定度、多忙さ、年齢、性別、精神科医との関係の程度など）を考慮して、慎重にせねばならない。特に難事例（統合失調症や境界例など）を初心者に回す時は相当注意がいる。

④面接中に、クライエントから、カウンセラーに対する苦情や変更要求が入る時がある。精神科医は、この時はクライエントの話を十分聞いて、その不満の整理を手伝った後、それをカウンセラーとの間で話し合うほうがいいかどうか考えさせる（たいていは、カウンセラーと話し合うほうがいいということになるが、いくら話し合っても、カウンセラーへの不満が大きくなり悪化する場合には、いろんな工夫を考えねばならない。いずれにせよ、カウンセラーに相談もせずいきなり変更するということは、原則として避けたほうがいい）。

⑤精神科医が、カウンセラーから「この場合はどうしたらいいですか？」という相談を受けた時は、なるべくカウンセラーに考えてもらい、自分で解決策を見出せるよう援助する。たいていはカウンセラーの話を聞くだけで解決していくが、それだけでは難しい場合もある。そんな時は、助言が必要になるが、「こうしなさい」という指示的なものではなく「私（精神科医）ならこうするけれど、それはどうですか？」といった問いを含んだ助言のほうが望ましい（逆に精神科医が、カウンセラーのスーパーヴィジョンを受けても同じことになるのだが）。

⑥結局、精神科医の仕事としては、紹介機能（クライエントをカウンセラーに）と、面接関係援助機能（カウンセラーとクライエントの）が、主要な二大役割であると思われる。法律的なことは別にして、クライエントの援助に関しては、両者は同じくらい主要な役割を担うと思われる。

といったようなところです。いずれにせよ筆者は、カウンセラーと精神科医は、ともに連帯して、クライエントの健康回復や問題の解決、自己実現に向けての共同作業ができればいいと思っています。

第七章

家族との関わり

◆1◆……家族との関わりと支え……◆

(1) 未熟なクライエントの増大

本来、カウンセリングは、セラピストとクライエントの二者でなされるものですが、実際は家族が絡んでくることが多いものです。場合によっては家族との関わりのほうが主になることもあります。

特に、未熟なクライエントが多くなってきた現代においては、その未熟さゆえに、本人だけでカウンセリングや治療作業を行うことができず、家族がそれを補ったり、代理自我として動かざるを得ないという現実があります。それゆえ家族は、元来、セラピストとクライエントの二者間で行うカウンセリングという共同作業に、望むと望まないにかかわらず、加わらざるを得なくなるということがあるのです。

(2) 家族の苦悩への理解

家族（特に親）が関わってきた時に大事なことは、第四章の6でも述べたように、まず家族との信頼関係を確立することです。そして、それに基づきながら、家族の治療能力をなるべく引き出し、治療に有害なことについては、そのつど対処していくといったことが重要になってきます。

家族との信頼関係を築く上で大事なのは家族の苦悩への理解です。家族、特に親は、カウンセリングや治療期間中、本人と同じかそれ以上に苦しみ、悩み、不安におののくことが多くあります。家族の苦悩の中身については、それこそさまざまなものがありますが、少し例を挙げてみますと、①本人の行動化（自傷他害傾向）、②他責的傾向（親が責められることになる）、③勝手な理想化による操縦（本人は親を自分の思い通りに動かそうとする）、④話がころころ変わる、⑤クライエント本人を理解できない、⑥親の努力や愛情が通じないだけでなく裏目に出る、⑦本人とのコミュニケーションが成り立たない、⑧治療が進展すると本人の状態がかえって悪くなったように見えやすい（本人は治療を通じて、自立や自己表現の営みを開始しだすが、最初はそれがしばしば攻撃的なものとして出現しやすい）、⑨いつまでこの苦しみが続くのかと思うとやりきれない、⑩将来、もうこの家族は崩壊するのではないかと心配、といったことがあるでしょう。また少なからず罪責感も感じさせられますし、また子供の病気の結果、家族に亀裂が走るということもあって、親の苦しみは一層深くなります。世間体を気にする、世間に隠しておかねばならないということも、かなりつらいようです。

したがって、治療中は、常に親の苦境に目を配っておき、親の苦悩や不安に耳を傾けるようにすることが必要になるのです。

(3) 親の苦悩・不安への対処法

さて、その親の苦悩・不安を聞いたり、治療上の話し合いのポイントについては、決まったマニュアルはないものの、筆者の経験上、次のことに気を配るといいように思えます。

a．親の苦悩・不安の傾聴

親の苦悩・不安の中身をできるだけ詳しく聞いてあげる。親も、追い込まれているせいか、表現力・整理力が発揮できていないので、セラピストの側で適当に質問したり整理をするようにする。

具体的には、「どういうことがいちばんつらいですか?」「いろいろ言われた中でつらい順に順番をつけることができますか?」「(今後の不安に関して)最悪の場合として何が起きるのを恐れていますか?」といった質問をしたり、「あなた(親)の苦しみや不安は、こういうことですか?」といって整理を助けるといったことです。

b. 本人の病状・行動の理解を助ける

親は、当然、本人の病状の理解を求めてきます。親にとっては、本人の行動化、他責的傾向、勝手な理想化、急変する態度などは不可解きわまりないからです。この時セラピストはすぐにそれに答えるより、親にその病理の構造を考えてもらうようにすることが大事になってきます。たとえば、クライエントが親を激しく非難する行動について、それは親が悪いというよりも、「自分で自分のことを悪いと思っているが、それを認識することができないので、身近な親にそれを移し替えているということ」を、セラピストが答えるのではなくて、親が徐々に気づいていくようにすることが大事なのです。そのためには、それに気づけるような質問を組んでいくことが大事です。このことは、症状や問題点や行動化の原因を理解してもらう場合も同じです。親自身に考えてもらうことが大事なのは、そのほうが親の理解がしっかりするからです。これは本人に考えさせるのと同じことです。特に、境界例的傾向の強い親ですと、悩んだり考えたりする作業をセラピストに移し替えてくる傾向が強いので、このことは特に重要です。

こうして、本人の病状の構造・原因や本人の気持ちがわかってくることで、親に安心感がもたらされるのは言うまでもありません。

c．子供への接し方についての共同探求

親がいちばん聞きたがっている問いの一つに、「いったい、子供にどう接したらいいのか？」ということがあります。これについても、もちろん決まった答えはありませんし、またすぐ答えることもできません。できるだけ、最良の対応を、セラピストと家族で（本人を交えることも多いですが）共同探求するのがいいでしょう。

ただ、これを共同探求する前に大事なことは、親の子供に対する期待（こうなって欲しいという期待以外に、こんなふうにはなって欲しくないという気持ちも含む）を聞いていき、親の願望とセラピストの期待と本人の望みをはっきりさせ、多少のずれはあっても、大筋ではそれらを一致させておくほうが安全です。たとえば、病状の改善、精神状態の安定、自立、行動化の減少、社会復帰、良きコミュニケーションの確立といったことです。

これらを話し合う中で、たいていの場合は、まず「親子の良きコミュニケーションの確立」や「望ましい相互関係の樹立」が基本的に必要であり、それが出発点になるといったことが明かになることが多い印象を持ちます。そうすると「良き関係」とは何か、の話し合いに入るわけですが、良き関係とは、決して「表面上穏やかでにこにこして喧嘩のない状態」ということではありません。それは、①お互い、友好や信頼を基礎にしながらも言いたいことは言えるようになっている、②お互いの言い分がずれても、そのずれを話し合える、ずれがすぐに解消できなくてもそのずれを認識していられる、③相手の気持ちを尊重し、それを無視したような一方的な命令や指示はしない、④相手（特に子供）に媚びたりせず、できないことはできないと言える、⑤相手の言い分を表面だけで

捉えずに、相手が心底で何を考えているか思いやる、⑥相手に安心感や安全感を与えられる、といったことが思い浮かんできます。

もちろん、こんな関係は理想であって、一般の家庭でも難しいことかもしれません。ただ、理想や目標がないと何を指針にしていいかわかりませんので、とりあえず一パーセントでも実行できたら、それはそれで評価するという形で一歩一歩進んでいくことが大事かと思われます（ちなみに、こうした理想的な関係に一歩でも近づき、親自身が楽になるために、先にも述べましたが、「（親として）本人に言わないほうがいいこと」「本人にしないほうがいいこと」「本人に言ったほうがいいこと」「本人にしたほうがいいこと」を親に考えてもらうのもいいでしょう）。

これと関係しますが、「とにかく子供の言うことを聞いてあげてください」と言う専門家がいますが、これはあまり感心しません。コントロール力のない子供の言いなりになると、欲求は際限がなくなり、親は当然それに対応できず、暴力・傷害といったことになり、殺人といった悲劇も生まれる場合もあるのです。それに、子供は親が自分の言いなりになることを望んでいるのではなくて、親に自分の衝動を止めて欲しい、壁になって欲しいと感じている場合も多いのです。だから、こちらのできそうにないことは、きちんと断り、まさに親の限界を設定しておくべきです。それが良好な関係への道でもあるのです。

d．いざという時の対応

しかし、こうした良好な関係になるまでに、親に暴力を振るったり、自殺未遂のような行動をとったりして、親は振り回され、やはり「こんな時、どうしたらいいか？」と聞いてきます。この時は、それらを話し合える余裕があるかどうかが重要なポイントになります。もし、事故の危険性が多いと親が判断したら（これは間違っていてもかまわない）、ためらうことなく110番で警察を呼んで事故を防ぐようにと指示したほうがいいでしょう。事故が起きてからでは遅いですし、警察に援助を仰ぐということで、親は自分の限界を示せます。また、警察官という外部の人に入ってもらうことで、閉塞状況に風を入れられるかもしれません。

もし、話し合えるとしたら、その暴力の背景について本人と話し合うことは、もちろん大事になってきます。この時、本人が「おまえ（親）のせいでこうなったんだ」と言ってきたら、その理由を聞き、本人の言い分の中に正しい点があると思われたら、それはそれで認め、見当違いのことを言っていると感じたら「そこは、同意できないけれど、あなた（子供）がそう思っていることは、受け取っておくわ。いずれこのずれを話し合いましょう」という形で話し合い路線に持っていくよう勧めるのがいいでしょう。また、過去の恨みつらみを言い尽くした後、「さあ、それではこれからどうすればいいかな？」という未来志向的路線に導くのも一つのポイントです。

しかし、これは実際には簡単なことではなく、たいていはそううまくいきません。その時こそ、セラピストは親を支え、どうすれば子供と少しでもコミュニケーションをとれるか、どの対応がまだましなやり方かを共同探求していくことが大事でしょう。この点は試行錯誤の連続だと言ってもいいかもしれません。

e．見通しの明確化と家族の支え

今後の見通しについても、親が聞きたいのは当然です。これは、治療開始時のポイントのところでも述べたようにとても重要なことですが、はじめに述べただけで済まされるものではないのです。というのは、なかなか治療が進展しないことがあったり、むしろ悪化してきたように見えることもあるので、親が希望を持てなくなったり、疲れ果ててくることがあるのです。

この時、絶望する親をどう支えるかが重大な作業になります。具体的には、今までの治療作業を振り返り、進展していないと思える点、悪化したと思える点を共同探求していくことになります。この中で、親が、表面的には停滞・悪化していても、その原因や意味を理解すると安心感がもたらされ、この停滞・悪化にどう対処するかという共同作業に向かいやすくなります。この治療中の点検作業は常にやっておく大事な事柄です。

f．手放し不安について

親の中には、本人の自立を望みながら、いざそれが現実のものとなると、不安がる場合があります。これは、親の不安を受け止める力が弱いということだけではなく、無意識に子供を手放したくないという欲求が隠れている場合があります。こんな場合はもちろん親の不安を聞いて、その不安を共同で探っていく作業が重要になります。この時、親の「手放し不安」や「引き留め欲求」や「自立の後の親の寂しさ」などが出てきた場合は、「それはそれで当然の感情ですよ」と共感すると同時に、そうした不安や感情は親の一つの愛情の形であり、大事なのはそれをどうやって本人の自立に役立てていくかを探っていくということでしょう。

2 家族への接し方の具体例

今まで、理論的で理想的な対応について少し示しましたが、実際の対応となると、もっと複雑です。それこそ千変万化で、マニュアルといったものはないのですが、一応、参考になるものとして、四例（親に連れて来られた例、カウンセリング中に親がやってきた例、家族だけがまず来てその後本人が来所した例、家族だけの相談で改善を見た例）を挙げておきます。

〔事例J〕親に連れて来られた例（統合失調症・男性）

(1) 親に精神科へ連れて来られる

この事例は、親に連れて来られたこともあって、最初は拒絶的でした。この拒絶の背後に恐れがあり、それがどのように和らいでいったかに注目して読んでください。この例は総合病院の精神科が舞台になっていますが、カウンセリンググルームでも起きることだと思います。臨床心理士やカウンセラーの方には、これを精神科医だけの特殊な例だと思わないように願っています。

(2) 初回面接1（本人拒否的）

Jは、一九歳の男子予備校生で、両親に連れられて来院しましたが、いかにも拒絶的という感じで診察室に入ってきました。治療者は簡単に自己紹介した後、次のように聞きました。

治療者「今日はどういうことで来られたのかな?」①（患者がどんな人であれ、まずはこう聞くのが普通）

J「別に……（拒否的で、そっぽを向いている）」②（精神病者が、不信感や恐れなどのために、拒否的になることはよくある）

治「今日来たのは自分の意志で来たの？ それとも連れて来られたの?」③（患者が拒否的になれば、来院意志の有無を聞くのは自然な作業）

J「後のほう（いかにもぶっきらぼう）」④（予想通り、連れて来られたことが判明したが、ただJも少しは答えてくれ、交流の可能性をわずかに感じさせる）

治「そう、それだったら少し腹を立ててるかな?」⑤（患者の連れて来られたつらさ、怒りに対する思いやりの表現）

J「うん……」⑥（治療者の思いやりに少し反応してくれている）

治「ところで、君自身は精神科受診の必要があると思う?」⑦（これで、さらに深く彼の自覚の程度を知ろうとした）

J「そんなん、ようわからんわ」⑧（これは当然なのかもしれないが、いずれわかっていく必要がある）

治「そう、それじゃ、お父さんは嫌がる君をなぜ精神科に連れて来たんだろうね。見当つく?」⑨（今度は、連れて来られた理由を材料に、自覚を深めようとする）

J「知らん。暴れたからやろ」⑩（少しは、わかっている）

治「そう、そのこともう少し説明する気になれるかな?」⑪（説明意欲がどこまであるか調べる）

Ｊ「そんなん、知らんわ」⑫（本人は、この出来事に触れられたくないようである）

(3)　初回面接2（家族に情報を提供してもらう）

治「そうか、そうしたら、横にいるお父さんに事情を聞いていい？」⑬（しかし、事態を明確にする必要もあるので、家族の助けを借りようとする。この時、本人の意志を尊重して本人の許可を得ることが大事。これは、家族とともに面接をする時のポイントでもある）

Ｊ「どうぞ、御勝手に」⑭（ふてくされているようだが、本人は許可する）

治「それじゃ、お父さん、どういうことで連れて来られたのか説明していただけますか？」⑮

父「実は、独り言をぶつぶつ言うんです。それに暴れたり……」⑯

治「暴れるというと？」⑰

父「腹が立ったら、そこらじゅうのものを放ったりするんです。机の上のものでも何でも。ひどい時には、布団をつぶしたりもしました。カミソリで切って」⑱（予想通り、大変なことが起きている。独り言にしろ、ものを放ることにしろ、怒りや恐怖などの感情に振り回された軽はずみな行動である。行動のコントロールができていないのである）

治「そうですか、大変ですね。ところで、今お父さんが言ったことは事実？」⑲（本人に確認するのは、家族が大げさに言う可能性もあるので、事実関係において、本人と家族が一致しているかどうかを見る必要があるのと、やはり本人を尊重しているということである。この点も家族面接の基本である）

(4)　初回面接3（本人と問題点の検討）

Ｊ「まあ、そうやけど、これには事情あるねん」⑳（本人は、これを認めている。少し自覚への芽生

えがある）

治「もちろん事情があるだろうね。その事情を聞いてみたいけど、その前にね、今のことが事実だったとして、そのことどう思っているの？」㉑（事の是非善悪という基本がわかっているかどうか確認するための質問。精神病状態まで追い込まれている時は、こんな基本がわかっていない場合もある）

J「どう思っているといっても……」㉒

治「つまりね、ここだけ確認したいんです。そうしたことは別に具合悪くないと思っているか、具合悪いと思っているのか？」㉓（㉑の質問が難しかったので、答えやすい二者択一の質問に変える。ここは精神病や境界例などの未熟なクライエントと面接する時のポイントであるが、原則になるのは、理解しやすい答えやすい質問である）

J「そら、具合悪いですわ」㉔（事の是非に関しては自覚がある）

治「そうしたら、事情はいろいろあるけど、できればそんなことはしたくないわけね？」㉕

J「そりゃ、そうです」㉖（今後しないという決意を本人にさせるのも、とても大事）

(5) 初回面接1・2・3の解説

少し、長くてうんざりされたかもしれませんが、これまでのやりとりをまとめてみますと、連れて来られているという困難な局面であっても、まずは通常通り、(a)何が起きているのか事態を明らかにすること（これは、うまくいけば本人の自覚につながります）、(b)同時に、本人の気持ちや意志を尊重して、なるべく本人との交流を心がけ、本人との関係作りを試みる、(c)問題解決に向けての対策の探求、といったような作業をしていると言えます。

ただ、事態を明らかにしようにも、本人は拒否的で本人からの事態の明確化は難しそうです。さりとて、家族ばかりから事情を聞くと、本人を無視することになります。臨床場面では、こうした矛盾に、よく出くわしますが、この事例もそうした矛盾を背負わされているわけです。以下、もう一度やりとりを説明すると――、

まず①の受診理由の聴取は、どんな場合にも行う普通のことですから、それはいいとして、本人が答えなかったり、拒否的であった場合には（そうではなくても、関係ない話をしだしたり、「私はこんなところへ来るべき人間ではない」と言ったり、とにかくどこか自覚や治療意欲に乏しそうであれば）、ただちに、③の受診意志の有無の確認と、⑤の連れて来られたことに対するこちらの思いやりの伝達、といった作業をしたほうがいいように思います。これは本人の気持ちを汲むということで、本人との交流の道が開ける可能性があるからです。この事例でも、⑥のように肯定の返事をしてくれています。

そこで治療者は、⑦のように受診必要性の認識の明確化を図ろうとしましたが、「わからない」と言われてしまったので、⑨周り（家族）がどう思っているかの明確化を図ろうとしたら、⑩少し問題点を言えるようでした。そこで、さらに、⑪のように明確化を図ろうとするとついて来れないので、⑬のように家族の助けを借りる承認を得て、家族に聞いてもいいという許可をもらったのです。

このやりとりから、絶えず本人の側に立って、本人から聞こうとしているのがわかると思います。しかし、本人から全部聞くのは限界があるので、父から事情を聞くと、独語、興奮、怒り、器物損

壊といった問題が出たので、早速、⑲のように本人に事実を確かめます。これは、とても大事なことなのです。というのはしばしば、家族と本人の感じていることがずれている場合があるので、それがないかどうか明らかにしないといけませんし、またこれが本人の尊重にもつながるのです（治療者〈セラピスト〉はついつい家族の言うことだけが正しいと考えがちのところがありますから）。

事実を相互確認した後は、今度は、これに対しての評価を共有せねばなりません。通常では、本人の行為（⑯や⑱のような）は、具合が悪いことに決まってはいるのですが、統合失調症者（とは限らず、病者全体かもしれませんが）にあっては、それを具合が悪いとする認識力も後退していることがあるので、わざわざこれを聞いたのです。

また㉓のように聞いたのは「どう思うか」という質問が、本人にとっては難しい場合があるので、「良いか悪いか」のやさしい質問に切り替えたのです。ここで、よかったことに、本人は具合が悪いということを認め、それを今後はしたくないということまで言えるようになったので、自覚が少しあるということなのでしょう（精神分析の言葉を借りれば、症状を自我異和化できるといっていいでしょう）。

(6) その後の展開（幻覚妄想、異常恐怖をめぐっての話し合いと休養・服薬の提案）

さて、このように最初は拒絶的だった患者が、少しずつ心を開き、自分の具合の悪さを、受け身的ではあるが自覚しだした後で、いよいよ事情を聞いたのです。すると、彼は「予備校の女の子たちから軽蔑され、嫌われて、悪口を言われているし、その声が聞こえてくる」「自分は何もしていないのに、悪い噂をふりまかれている」「それで予備校へも行けずイライラしている」と言ったので、詳しく聞くと、あまり決定的な証拠や証人も存在しないようで、被害妄想のような感じがしたのですが、まずは決めつけずに、「この問題に対して一緒に考えていこう」と提案したのです（精神医学的にみれば、独語、興奮症状の背景や原因に、被害妄想や幻聴があるということでしょうか）。

すると、彼は「自分はおかしくないし、こんなところへ来る必要がない」と言ったため、「精神科はよろず相談所のようなところ」（カウンセリングルームも同じことが言える）と説明し、彼の精神科恐怖の軽減を試みました。そして同時に、なぜそんなに精神科を怖がるかということを二人で考えていったところ、彼は「異常と判定されるのではないか」という恐れを強く持っていたので、「精神科は、そんな判定より、困っている問題をいかに解決するかに目標を置く」というように伝え、彼の異常恐怖を和らげるようにしたところ、一緒に考えていくことに応じたのです。

そして彼の恐れ（被害妄想）を共同検討していくと、「証拠がない以上、噂されているかもしれないし、そうでないかもしれない」→「要するにはっきりしない」→「はっきりしないことにこだわっても仕方がない。放っておこう」となったのです。しかし、放っておくには、あまりに脳が興奮して、精神が不安定で、不眠と疲れがひどいということで、とりあえず十分な休息が必要だということになり、安定剤服薬の提案をすると意外とすんなり受け入れました。そして、今後このことを一緒に考えていこうという治療契約が一応なされ、初回面接は終わりました（精神病患者は薬をのまないので困るという話をよく聞きますが、このように順序を踏んで進んでいくとすんなり服薬されるのです。それから、かなり腕のいいセラピストならここで薬が必要なかったかもしれません。セラピストとの「良き安心できる関わり」は安定剤代わりになるかもしれないからです。もっとも、大部分のカウンセラーは、今のようなケースに出あうと、薬の必要性を感じるでしょうから、その時は精神科医にそれを応援部隊として頼めばいいのでしょう。こういう時のためにも、連携できる精神科医を持っておいたほうが安全です)。

さて、その後は、落ち着いて勉強に集中でき、通院も二〇回程度で終わりました。ただ、治療者としては、もう少し性格面や認知面での問題点(本人は、受験勉強の疲れがきっかけだが、やはり、自分は神経質な点と周りを気にする点、切れやすい点があるということを表面的には認めた)に働きかけたかったのですが、そのまま終わってしまいました。ただもう一〇年前のことで、少なくとも治療者のもとには再発したという知らせは届いていませんので、このまま再発しないことを祈りますが、また再発した時にはそれはそれで、自分の問題点の再認識の機会にすればいいと考えています。

この事例での家族の関わりは少しで、ほとんどは本人中心主義でいけましたが、場合によっては家族ばかりが喋って本人はますます拒絶が強くなり、治療関係は確立できず、したがって治療も開始されないことになりかねません。こういう時起きてくる悲劇は、一方的で強制的で有害な服薬や、あるいはそれができないからやはり一方的な強制入院処置がとられたりすることです。この事例では、家族に対してはあくまで情報を少しもらうという程度に留め、後はなるべく本人との間で治療作業を続けていったのがよかったと思われます。

以上、Jの拒否の背後には、受験のストレス、本人の性格や認知面での問題点、精神的疲労、精神科への誤解や精神科恐怖、異常恐怖といったものが、複合的に絡んでいると言えそうです。

それから、大事なことですが、場合によっては本人の同意が得られないまま、強制服薬や強制入院が必要になる時もあります。ただ、それはあくまでも本人の同意を得るための努力を最大限してからの話だと思われます。

[事例K] カウンセリング中に来所した父親への面接（境界例・女性）

(1) 家族を巻き込む境界例

次のK事例は、境界例患者（二三歳）のカウンセリングの経過中に、もっと正確に言うとカウンセリングが中断した時に、親が来所した例です（本事例は、前著『境界例の治療ポイント』でもとりあげましたが、家族への関わり方の典型的な一つの事例として非常にわかりやすいものですので、本書にも再度とりあげることにしました）。他のクライエントもそうですが、境界例患者のように自我が脆弱で、また分裂（splitting）と投影を繰り返してしまう（自分の感情、衝動を自分の中で受け止め切れない）クライエントはどうしても家族を巻き込んでしまうので、家族が登場せざるを得なくなります。というより、境界例にあっては、ほとんどの場合、家族との面接が必要になってきます。

(2) 事例Kの概要（つまずき→カウンセリング開始→中断→親が来所）

Kは、美人で成績優秀な女子大生で、卒業後、ある一流企業に就職しましたが、仕事のつまずきや職場の人間関係のトラブルで、出社できなくなりました。引きこもった彼女は抑うつ感を日増しに強め、神経科を受診しましたが、投薬だけの治療ということもあって好転しません。そうこうしているうちに、リストカット、大量服薬があり、筆者のところに紹介されてきました。筆者は、境界例傾向を持つうつ状態と考え、カウンセリングを提案し、開始されましたが、表面的なことを述べるだけで、あまりカウンセリングが深まらず、五、六回で中断してしまいました。そして、再び、家での引きこもりが強くなるとともに、父親への攻撃を中心とする家庭内暴力（父を包丁で刺そうとするなど）や自殺企図があり、たまりかねた父親（やはり一流企業の部長で高学歴のインテリ）が、筆者のもとを訪れたのです。

(3) 父親との対話

以下は、その時のやりとりです。娘のひどい状態を語った後、父親はこのように質問しました。

父「先生、娘はなぜ、こんなことになってしまったんですか？　本当に信じられません。なんとか教えてください」

セラピスト（カウンセラー）「原因をお知りになりたいのは、当然ですよね。何か、これについて思いつくことがありますか？」

父「いや、さっぱり。だいたい、それがわからんから来ているんですよ」

セ「そうですよね。原因がわからないから、お困りなんですよね。それでは、早速それを探っていきましょう。どうですか、娘さんはいつごろから変わってきたというか、具合が悪くなったような気がします？」

父「そうね……、やっぱり会社を休んだころかな」

セ「突然休んだんですか？　それとも休む前に何か前兆でもありました？」

父「そう言えば、休む前に、少し会社でうまくいかないことがあるともらしてましたね」

セ「その時、お父さんはどうされました？」

父「いや、『会社に入れば、そんなことはよくある。はしかのようなものだから気にするな』と言ったような気がします。だいたい、あの子は、たいていのことではへこたれず、何でもこなしてきた子ですから」

セ「それはすごいですね。それで、娘さんはどうされたようですか？」

父「いや、何も言わずに、自分の部屋に戻っていったように思います」

セ「もし、その時、『どう、うまくいってないの？』とか『言いにくいかもしれないけど、今悩んでることを言ってごらん』と言っていたら、どうなっていたと思いますか？」

父「（はっと、我に返ったように）そうか、そう聞けばよかったのか。それなら、こんなに娘を頑なにさせることはなかったのに。原因は、私が、娘に気配りしなかったことにあるようです。ちょうど、そのころ、自分も大事な取引を抱えていて娘どころではなかったのです。よく、考えれば、娘は相当、仕事のことで悩んでいたのかもしれません」

セ「まあ、すぐにそう決めつけなくてもいいと思うんですけど。さらに、探っていきましょう。娘さんが、引きこもるだけではなくて、お父さんに対してひどく攻撃的になりましたね。この時、娘さんは、どう言って攻撃されたのか覚えておられますか？」

父「いや、それなんですよ。娘は『こんなになったのは、おまえ（父）のせいだ』と罵るんですね。もう、頭に来ましてね。こんなに娘のことを思って手塩にかけて育てたのに、こんなことを言われるなんて。それと、いつも娘には『人のせいにするな』と厳しく言っていますし、娘もそうしないで、ここまで来たと思っていたのですが、その娘が、そんなことを言うなんて、一瞬、気が狂ったのではないかと思ったほどです。いまでもその疑いは消えません。娘は気が狂ってはいないのでしょうか？」

セ「まあ、それはゆっくり考えるとして、お父さん、どうでしょう、その時、『親のせいでこうなったと言うけど、それはどういうことかな？』とか『お父さんも悪いところがあったかもしれないから、それを言ってくれないかな？』と言っていたら、どうなっていたでしょうね？」

父「そうか。ここでも、そう聞くといろいろ言ってくれて暴れることはなかったのか。（かなり、後悔した様子で）だいぶ、言い方がまずかったようです。でも、不思議です。あんなに素直でいい子で、しかも引っ込み思案ではなくて、小学校から勉強でもスポーツでも活躍していたのに、こんなになるなんて」

セ「素直でいい子というのは、大変いいですが、そうするとあまり反抗したり、だだをこねたりということはなかったということですか？」

父「そうですね」

セ「そのことを、どう思います？」

父「いや、それはそれでよかったと思いますが」

セ「反抗する子と、そうでない子を比べたら、どちらが自己主張できると思います？」

父「そりゃ、前者のほうでしょうけれど、しかし、うちの娘は学校でも、かなり、はきはきしていたと思いますが」

セ「それは、結構なことでしたが、どうですか、学校の先生とぶつかったりしていましたか？」

父「そう言えば、先生とは衝突していませんね。はきはきといっても、先生の望む通りの活発さでした。そうそう、一時は、先生の秘書役と言われたこともあったようです」

セ「家でも素直、学校でも先生の秘書役、どこででもいい顔をしていたら身が持たないことはないのでしょうか?」

父「いや、本人は楽しそうにやっていたように思うのですが」

セ「そういうところもあるでしょうが、ひょっとしたら、それは周りに合わせていただけのかりそめの自分ということはないでしょうか?」

父「どういう意味ですか?」

セ「いや、本音は甘えたいし、だだをこねたいし、反発もしたかったのに、それを抑えて、ひたすら、親や先生に合わせていたということですが、どう思われますか?」

父「うーん。そう言われれば、そんな気がしないでもないですが」

セ「それと、いささか失礼なことを申し上げますが、娘さんから聞いたのですが、『お父さんに対しては、オーバーとも言える愛情表現をしないと許してくれないところがあった』とうかがっています。これについては、どうお感じになりますか?」

父「(かなり、考えこんだ後で)確かにそういうところはありました。でも、私は別に悪気があったわけではなく、娘のことを思ってそうしていたのですが」

セ「その通りですよ。お父さんは、大変愛情深かったと思いますよ。そのおかげで、娘さんはいい大学を出て、この不況の中、一流企業にも就職できた。それは、素晴らしいと思います。ただ、本音を出すことに関してはいささか未開発で、それでしようがないから、行動でということになったのではないですか？」

父「いや、おっしゃる通りです。よく考えれば、娘の育て方をかなり間違えていました。私の一方的で押しつけ的な愛情でした」

セ「いや、そんなことはないんです。ただ、愛情が十分に生かされていなかっただけで、これからその愛情を、本音を出させる方向に向けていけばいいわけですから。つまりは、面と向かって言いにくい本人に対して、言いやすい工夫をしてあげればいいわけですから。いかがですか？」

父「わかりました。これから、娘の話にまず耳を傾けるようにします」

(4) その後の経過

その後の面接で、この父親は、娘の養育に熱心になりすぎていたこと、その背景には妻との不和があったこと、妻はわりと理知的なほうで自分が甘えたくても甘えさせてくれず、それで自然と娘のほうに愛情がいったことなどを語りました。また、自分は事情があって、継母に育てられたが、あまり甘えさせてもらえず、いつも不満であったこと、だから妻にそれを求めたが、妻はあまりそれに応じてくれなかったということも語ったのです。

以後、父は、セラピストと相談する中で試行錯誤を繰り返しながら、娘の話を聞くようにし、また妻との間の修復を試みたところ、少しずつ、娘の暴力はおさまり、また夫婦の会話もかなり増えていったのです。

(5)　Kのカウンセリングが再開される（背景について語りだす）

父の変化を見た娘は、今度は父に代わって、セラピストのカウンセリングに再び通うようになり、話し合いは前より深まりました。

主な内容としては、以下のようなことでした。

「今まで人に合わせてばかり来た。人と対立するのが苦手。父親が特に怖かった。母は好きだったが、何か言ってもさらりと流されるだけだった。友達はたくさんいたけれど、何でも腹を割って話せる真の友達と言える人は一人もいなかったように思う。だから勉強やスポーツや生徒会などで目立っていても、内心はとても寂しかったし、また先生や周りに注目してもらおうと思ってかなり無理をしてきた。だから相当疲れたりすることもあったけれど、周りに言う人がいなかった。そう言えば、中学高校とめまいや吐き気や発熱などが時々あって、医者のところへ行って診てもらったが、いつも異常なしだった。今から考えれば精神的な疲れが身体に出ていたのだと思う。ある内科の先生は『一度精神科で診てもらったら』と言ったが、両親ともとんでもないという感じであった。大学に入ってやっと解放されたと思ったけれど、やはりあまり深い友達はできず、男の子に誘われることはあっても、なんとなく怖さや嫌らしさがあって恋愛もできなかった。実を言うと、就職する時も、自分は社会人としてやっていけるのだろうかと不安だった。だから、会社でのつまずきにすぐ負けてしまったのだと思う。今思うと本当に自分というものが育っていない気がする。そう思うとすごく腹が立ってきた。父親に暴力を振るったのは、いつかは、この親の育て方が問題だったのだということを言いたかったため。でも、もうしないつもり。先生という言える場所が見つかったから。ただ、最初は怖かった。何か侵入されるのではという心配があった。それになぜ私だけ通わねばならないのかという腹立ちもあった。それで途中で行けなくなってしまった」

しかし、まだ、自分というものがわからない、いったい自分がこれからどう進めばいいかわからないということなので、カウンセリングはこれからです。

(6) 事例Kの解説

［症状の背後にあるもの］

かなり長い引用でしたが、これは多くの大事な対話の中のごく一部にしかすぎません。だから、これだけでKの抑うつ状態、自傷行為、攻撃的行動、自殺企図などの原因、境界例の発生要因が全部わかるかというと、到底それは無理な話です。

しかし、この一部の対話からも原因のある部分を知ることはできます。部分は全体を表すとも言えるわけですから。そこでその部分を拾ってみますと、①会社でのトラブル（誘因）、②Kの悩みに対する父の対応の冷たさ、③Kの攻撃に対する父の叱責、④父や周りに合わせすぎていたこと、⑤仮の自己だけが発達しすぎて、本音の自己の発達が抑えられたこと、⑥父の自己愛的なところ（娘をはじめ絶えず周りからの賞賛を求める）や支配的な養育態度、権威性などが浮かんできます。

［過干渉な父］

こうした背景に、父が継母との間で甘えを体験できず、妻との間でも充たされず、つい娘に対して過剰なほど干渉するという養育態度になっていったということがあったのでしょう。一方、娘のほうでは、表面上はそうした父に従いながら、休職、うつ状態をきっかけに、一挙に父に対する今までの怒りが爆発したと言えるのでしょう。

［役立つ原因が真の原因］

もちろん、以上は筆者の仮説です。真実かどうかは、はっきりしません。ただ、はっきり言えることは、この話し合いによって、父親なりに上記の原因をある程度理解し、それに沿って行動したところ、Kの暴力は改善し、再びカウンセリングに通いだし、話し合いも深まってきたということです。そうであれば、以上の原因理解は、とりあえずの役には立ったということですから、真の原因と考えることもできます。ただ、また悪くなった場合、上記のように理解した原因は真の原因でもなんでもなかったとなるかもしれません。

［父の養育態度以外の原因］

次に、父の養育態度がすべての原因かというと、もちろんそうではありません。本人自身も合わせる傾向が強かったのかもしれないし、母が理知的すぎて甘えや反抗を真正面から受け止めてくれなかったせいかもしれないし、またその後の交友関係に深まりがなかったこと、それに対外的な活動で無理をしすぎていたことも、仮の合わせる自己ばかりが発達してしまった要因と考えられるでしょう。さらに付け加えれば、思春期に身体症状をだしたり精神科受診を勧められながら否認してしまった両親の態度も問題かもしれません。また、それ以外に生物学的な要因なども潜んでいるかもしれません。

そして、ここで重要な点を付け加えておくと、支配的な親がすべて「仮の合わせる自己」を作るというわけではないということです。そういう親に立派に反抗できている子供もいるのです。また

「支配的親―合わせる子供」という態勢が続いたからといって、すべてのそういう子供が不適応になるわけではありません。そうしながら、親のいいところを取り入れ、社会でちゃんとやっている青年も多いのです。さらに、「支配―合わせる」パターンにより、不適応を来したとしても、すべての子供が親に暴力を振るったり、自傷行為を行うとは限りません。拙書[2]で述べたように、境界例の原因として生物学的要因もあるかもしれないので、個体差は大きいのです。実際に、このような境界例的行動を起こしやすい患者の生物学的研究も進められています。そして、それによると、ホルモン、脳波、急速眼球運動時の生理現象において、一般人に比べ、異常が見られるということです。しかし、これは境界例人格障害の原因なのか結果なのかについては、わかりません。

こういうことから考えると、このKの症状の原因を、どれか一つの確定した要因に帰することなど、到底できないことがわかるでしょう。せいぜい言えることは、いかに多くの原因が絡み合っているか（これも可能性・仮説・推測にすぎない）ということが、わかるということぐらいでしょう。

［仮の幻の原因・仮説が出発点］

それから、Kの父親は原因を発見したかのように思っています（思い込んでいると言ったほうが正確か）が、この原因も確実に事実かどうかわかりません（だいたい「事実とは、いったい何なのだろうか」と考えさせられることが多いのですが、今はこの問題に深入りしません）。当時のことを完璧に再現することが不可能な以上、当事者の記憶に頼るよりしようがないからです。そして、この当事者の記憶というのは、かなり当事者の現在の気持ちに左右されるものです。だから、前節でも述べたように、原因と思っていたものは変わる可能性もあるのです。事実、Kは最近では「父親は支配的というより私を可愛がりすぎただけ」というように言い方が変わってきているのです。まさに、原因は固定的、実体的ではなく、関係の中でいくらでも変幻自在の様相を呈するということなのです。だから、セラピストはこれが真の原因と考えたりせずに、とりあえず、仮の幻の原因はこんなものかなというぐらいに考えておくほうが無難でしょう。

しかし、繰り返しますが、とりあえず、幻の原因であっても、父親はある種の感覚、物語を感じとり、それに沿って動き、娘もまたそれに応じたという事実は、はっきりしています。ただ、これも厳密に言えば、今はこれでいい展開と考えられますが、今後どう評価されるかはわからないのです。したがって、臨床家のできることは、手探りの中で原因らしきものを探りだし、それを実地に移し、その所見に基づいてまた考え直すという試行錯誤ぐらいが精一杯なところなのでしょう（もっとも、それが大事なことなのですが）。

いずれにせよ、仮説が出発点になるのです。

［父親面接の留意点］（家族に考えさせる、家族の愛情を生かす）

それから、この父親面接で気をつけたことを記しておきます。一つは、原因を知るのはとても大事ですが、同時に大変困難であることを思いやりながら、なるべく父親に考えさせようとしている点です。第二は、一人だけで考えるのは難しいので、適度に質問を重ねていって父親の連想を広げようとしています。第三には、父親の早わかり傾向（この父は即断即決傾向が強く、それによりずいぶん仕事上では業績を上げたといういい面があるのですが）に、歯止めをかけている点です。第四は、父に考えさせるだけでなく、セラピストもそれなりの意見を言っていることです。もちろん、それに対する父側の応答も求めています。言い放しではだめなのです。第五に、父が反省した時の手当てに注意しました。この自信満々の父が、自分の養育の歴史を否定されるということはあまりにつらいことです。そこでセラピストは、父の愛情はそれはそれでかなり良かったけれど（これはお世辞ではなく、筆者が本気でそう思っています）、いささか過剰すぎたことがあったので、「その愛情が十分生かされなかった」という言い方をしています。いわば、父親に対する全体的肯定を基本にしながら、部分修正を試みていこうという態度です。このほうが、セラピストと親との信頼関係を大事にできるし、また親は余計な罪悪感を抱かなくてもいいし（治療的に役立つ「ほどほどの罪責感」は持っていて欲しいけれど）、親の治療力を発揮できると考えられます。

さて、このK事例の父親は、かなり理解の速いほうだったと思われます（速いのがいいとは限りませんが）。大部分の面接では、こんなふうに一回で理解が進むことはまれです。やはりかなりのインテリで、また心理の本を事前に読んで勉強していたせいでもあるのでしょう。前に本を読むことの危険を説きましたが、全体としてみれば読まない家族・患者に比べ、読んでいる家族・患者のほうが治療の進展があるような気がします。それだけ熱心だし、治療者との共同探求に入りやすいからです。ただ、問題はどう読むかにかかっているのは言うまでもありませんが。

［事例L］家族が三年通った後、本人が来所した例（境界例・男性）

引きこもりは、昨今かなりの話題になっていますが、家族に対して大きな重荷となります。何よりの重荷は、本人が治療意欲に乏しいこと、家庭内暴力などの困った行動を起こすといった点です。

このL事例（二三歳、無職男性）もその一つで、やはり治療意欲に乏しく、家庭内暴力も伴っていました。だから、最初三年ほどは、家族だけがカウンセリングに通ってきていました。

(1) 両親との出会い

このLの両親と会ったのは、まだ筆者（セラピスト）が開業する前の総合病院時代のことでした。その時両親は、悲愴な顔をして相談にやってきました。内容は、以下のようなことでした。

「息子（L）が、高校を卒業して五浪目だが、まったく受験勉強をせず、ぶらぶらしている。それに、両親に対する強い反発があって『親を殺してやる』といった暴言を吐いたり、実際殴りかかったり蹴ってきたりして大変である。それに小遣いを月二〇万近く使い、出さないとまた暴力を振るうといった状態である。それから、大学のほうはもう諦めたのか、専門学校に通いだしたが、一カ月もたたないうちにやめてしまい、高い入学金が無駄になってしまった。それに対して少しでも何か言うと、『おまえらが俺の人生を無茶苦茶にした』というようなひどいことを言われて、もう途方に暮れている。このままいったら一家は破滅だし、事実、一家心中が頭をかすめることがある」

これを聞いたセラピストは、「ともかくも大変なことが起きているということと、両親の苦悩は相当なものだろう」ということを伝えた後、さらに詳しく話を聞きました。そうすると、次のような歴史がわかってきたのです。

(2) 生い立ち、歴史、両親の来院事情

Lは、父が研究職系の会社員、母が中学の教師という家庭に生まれ、五歳上の姉が一人います。

彼は、小さいころはわがままも反抗もなくとても育てやすかったが、多少甘えたがりのところが

あったということです。

小学校に入ってからは、人と仲良くできるたちで、ほとんど問題なく過ごしていましたが、父が教育熱心だったため、小三のころから塾通いをさせられていたようです。ただ、その時は素直に行っていたようなのですが、時にしんどうそうにしていたこともあり、母親が「もう少し塾の時間を減らしたら」と父に言い、ちょっとした夫婦喧嘩があったそうです。

中学校に入っても、人付き合いは結構良かったのですが、父親が厳しいため、あまり遊んだりできず勉強ばかりの毎日で、そのせいか親友というものができなかったそうです。彼は、内心は不満だったのですが、父親が怖いため何も言わずおとなしくしていました。

高校に入ってからは、さすがに疲れてきたのか、あまり勉強に身が入らなくなり、彼の唯一の楽しみは、音楽を聞き、ギターを弾くことでした。しかし、成績が上がらないのに業を煮やした父は「こんなものがあるから、勉強しないし、成績も上がらないんだ」と言って、ギターを叩き壊したのです。これに関してはさすがに、本人も泣いて抗議し、母親も本人の味方をしていたのですが、父の剣幕が激しく、結局母がとりなし、本人が謝って「これから勉強に身を入れる」ということになったのです。

しかし、こんな緊張するびくびくした不満だらけの状態で勉強に身が入るわけはありません。結局、本人は受験に失敗し、予備校に通うことになりました。予備校に通いだして少し友達はできたものの、相変わらず勉強には身が入らず、浪人を繰り返すようになったのです。

三浪目に入った時、たまりかねた父親が「いったいどういうつもりだ」と迫ったところ、本人が突然「おまえのせいで、こうなったんだ」と、父に殴りかかったのです。父も反撃しましたが、すでに体格も腕力も父を上回っていましたので、到底父は彼にかなうはずはなく、かなりの暴行を受けました。その場は母親のとりなしでなんとか収まったものの、病院にまで行かざるを得ないほどの怪我だったのです。いずれにせよ、息子の予想外の暴力にすっかり動転した父は、これ以後、息子を怖がるようになり、注意することはもちろん、いっさい口をきかなくなったのです。

本人はというと、これを境にまったく勉強しなくなり、家ではテレビやファミコン、外ではゲームセンターをぶらつくということでわがまま放題の生活になり、金遣いも荒くなりました。ただ、時に本人も心配になったり、退屈したりということで、自動車学校や専門学校に行ったりしますが、なかなか続きません。そして、そういったことでうまくいかなくなると、家のものを壊したり、「あいつ（父親のこと）を殺してやる」と言ったりして、両親は恐怖と困惑の毎日となったのです。

困り果てた両親は、まずいくつかの精神科医を訪れたのですが、「本人を連れて来ないとどうにもならない」とか「ここでは扱えません」とか「入院させなさい」と言われたとのことです。ただ、そう言われても、連れていくことなどもちろんできません（一度「病院へ行かない？」と勧めたところ、「俺を気違い扱いする気か」と怒りだし、それ以後怖くてとても勧められないとのことでした）。また、入院といってもこれまた、どうやって本人を病院に連れて行っていいかわからないということで、今度はカウンセラーのもとを訪れたのです。そのカウンセラーは良く話を聞いてくれて、少しは気が楽になったのですが、肝心の「では、どうしたらいいのか？」に関しては、うまい解決策が出てきません。困ってしまったカウンセラーは、その解決として、両親にセラピストのもとへ行くように提案したのです。

また、Lの姉は、さっさと芸術系の大学を卒業し、早くこの家から出て東京で下宿し、そのままデザイン会社に就職し、家の問題にいっさい関わろうとしないということでした。

(3) 初期の対応（苦悩の理解、罪責感の緩和、安定剤の処方、夫婦の連帯、対応策の検討など）

セラピストは、ざっとこういう話を聞き、溜め息が出る思いでしたが、とりあえず、両親に「何を望んでいるか？」と聞きますと、「とりあえず、本人が暴力を振るわないようになって欲しい、それから今、昼夜逆転の生活をしているのでもう少し意欲を出して欲しい。もう大学はいいから、せめて自立だけでもして欲しい。それに、親としてどう接したらいいか教えて欲しい」とのことでした。

セラピストは、それに対して「どこまでできるかわからないし、うまくいくとも約束しかねる」「ただ、できることはしていく」「あまりうまくいかないようだと、訪問心理療法をしてくれる臨床心理士や往診して入院させてくれる病院などいろいろ考えてみる」と答えておきました。その上で主に次の作業をしたのです。

①両親の苦悩・困惑は大変なものなので、まずはなるべく両親の苦しみ、不安を思いやるようにした。

②両親は、かなりの絶望感、罪責感（特に母親）を抱いていたので、本人の歴史をじっくり検討し合う中で、「親の愛情が今のところ生かされていないというだけで、育て方の良かった点もあった」と言って罪責感を和らげ、また良くなった事例を示すことで、あきらめることはないと絶望感を

減らし、希望を持たせようとした。

③両親の疲れ具合を聞いたところ、父は「疲れているが大丈夫」と言い切ったが、母親のほうは、自分の勤務する学校が荒れていることもあって眠れない日が続いているとのことだったので、安定剤デパス一㎎を眠前に処方した。母は、これで良眠を得てだいぶ疲れがとれ、冷静に考えることができるようになった。これを見た父は、母のもらっている安定剤をこっそりのみ、楽になったとのことであった。

④両親は、面接の席上しばしばお互いを非難することが多かった（父は「お前が甘やかすから、あんなわがままな子になったのだ」と言い、母は「あなたがあまりにも厳しすぎるから、あんなふうに荒れたり、無気力になったのよ」といった形で）。そこで治療者は、双方の言い分をじっくり聞いた上で、「いずれにせよ、本人のためを思ってやったことですから、いい部分もある」と言った上で、両親双方のやり方を一部評価した。その上で夫婦関係を聞いたところ、家でもしょっちゅう喧嘩しているということだったので、それを考えさせたところ、まずはお互いの思いはさておき、本人のためには一致協力してやっていき、「言い合い」ではなく、冷静な対話ができるほうがいいという結論になった。

⑤その上で、これまでの両親の対応の「良かった点」と「良くなかった点」を振り返ってもらい、それを踏まえて、本人への対応を模索した。具体的には、以下のようなことを指導した。

「いきなり叱ったりするのはよくないが、まったく声をかけないのもどうかと思う。『今大丈夫か？』とか『具合はどうか？』というようないたわりの声かけをする」「お金を要求された時、そのまますぐ出すのではなく、何に使うのかを言ってもらった上で、可能ならば、それが本人のためになるかどうか考えさせる。お金の使い方に関して本人に計画を立てさせ、本人に責任を持たせるようにする」「親への不満を言ってきた時には、すぐに否定するのではなくて、まず言い分を聞いた上で、親に何を望んでいるか、聞いていく。その時、親ができること、してもいいことはしてあげていいが、できないことは理由を挙げてできない事情を説明する」「本人が、非現実的と思えるようなこと（アメリカ留学といった）を言ってきたとしても、とりあえずは本人と一緒にそれを考えながら徐々に現実を見せていく。また語学学校に通いたいというような現実可能の要求に関しては意欲改善のいい兆候だとして勧めていく。決して『おまえは長続きしないから』といったことを冒頭から言わない。ただ、語学学校にしても、行くことのプラス面とマイナス面を十分に考えさせた上で決めていく」

そして、家族がやってみてうまくいかない場合は、その理由を考えながら、試行錯誤を繰り返した。

⑥本人の暴力（といっても彼の場合は、よく聞いてみるとめったになく、それもかなり神経を逆なでされるような時以外は発生してない）が、手に負えそうにない時は、ためらうことなく逃げたり、警察に連絡していい。無理して怪我することのないように指導した。

⑦いずれにせよ、基本は、親と子の交流の改善・促進と、本人の気持ちの理解、本人の意思の尊重、本人の自信回復に重点を置くと同時に、「できないことはできない」という枠づけを組み合わせていくことになるということを強調した。

(4) その後の本人の変化

このような方針のもとに進んだところ、当初はうまくいかないことも多かったのですが、本人は次第に自分が尊重されていることがわかったのか、少しずつ落ち着きと意欲を取り戻していきました。また、そんなに荒れることも少なくなってきたのです。

その中で、自動車学校にもう一度再挑戦したいと言いだしたのです。親は、すぐに「またどうせだめになってお金がもったいないだけ」と考え、セラピストに相談しにきました。セラピストは「確かに、途中でだめになるかもしれないが、行かないよりは、行く意欲が出てきたとしたら、結果としてはいい。それに昼夜逆転も改善される。ただし、もしだめだった場合、本人もショックだろうから、本人には『そういう意欲が出てきただけでも大きい。途中でだめになっても、そこまで行ったんだから、お母さんは評価するわ』と言ってあげればいいのでは」と述べたのです。母親は、その通り本人に言ったところ、本人は前よりはプレッシャーなしに行けるようになったのです。しかし、教習所の先生が厳しくて嫌になったり、なかなか教習の段階が進まず悩んでいたり眠れなくなったりということが出てきたのです。

ここで、セラピストは母に、「お母さんの薬（デパス）をのませてあげたら」と言い、母もそれを勧めたら、本人は意外にあっさり応じ、「よく眠れて良かった」ということになったのです。そして、教習所のほうは行ったり行かなかったりだったのですが、結局四カ月かかって免許を取得したのです。

これは、本人にはだいぶ自信になったようで、また状態は改善しましたが、今度は車を買って欲しいと言いだしたのです。これに困った両親が相談に来ましたが、セラピストは「まず家の経済状態を素直に見せて、買ってもいい状態かどうか考えさせる。同時に、親が全面的に金を出すか、本人と親の両方でお金を出しあうのがいいか、どちらが本人の将来にとっていいか、本人に考えさせる」と指導したところ、自動車購入をめぐって話し合い、結局、本人も少しは出したほうがいいということで、本人はアルバイトをする決心をしたのです。

それで、アルバイトの面接に行ったのですが、あまり社会経験のない彼はなかなか採用されず、イライラしてきます。そして、父に対して「おまえのせいで、こんな人間になった。おまえを絶対に許さない」と恐ろしい形相で詰め寄ってきたのです。しかし、今度は父親は逃げもせず反撃もせず、「お父さんは確かに悪かったところはある。いつか反省したいと思っていたので、そこを言ってくれ」という形で応じたのです。この父の反応に拍子抜けした彼は、少し攻撃性が弱まり、静かな口調で「勉強ばかりさせられたこと」「厳しく管理されすぎたこと」を言いました。それに対し、父は素直に謝ったのです。このような父の態度をはじめて見た彼は、もうあまりそのことを言わずに「謝ってくれたらもういいけど」と言うようになって、またバイト探しをし、ついに一〇軒目のコンビニで採用されたのです。

ただ、そこの店長はかなり厳しい人で、しょっちゅう彼に注意ばかりするので、また彼は憂うつになり、再び父親に「おまえは前に謝ったけど、どんな償いをしてくれるんだ」と詰め寄ったのです。相談を受けたセラピストは「『できるだけのことをしたいから、どんなことをして欲しいのか言ってくれたら助かるけど』というように言ってみたらどうですか」と指導し、父がそうしたところ、結局自分が何を欲しているのかよくわからないということが明かになったのです。

その点に関して、セラピストは「それは、かなり難しい問題なので、よかったら本人も交えて三人で話し合えるといいけど」と言い、それを父が本人に伝えたところ、これまでの父の変化を見ていた本人は、素直に行くことに応じました。

最初に親が来院してから、実に三年の歳月が流れていたのです。

(5) 本人の来院後

本人が両親と来た時に、セラピストは「よく来れた」と評価した後、「ただ、親にどうして欲しいか言えるかな?」と聞くと、「それが自分でもよくわからないんです。ただただ腹が立つだけで。特に父親に」と言うだけでした。そこで、四者で話し合ったところ「結局、親に管理されっぱなしで自分の考えや意志が育たなかった。だから、今何をしたいかわからなくて当然」ということが共有されました。そこで、セラピストは「自分が本当に何を求めているかを見つけるのは、とても時間がかかるし、かなり難しいこと。だからすぐわからなくてもいい。当分の間は『自分が何をしたいか』探すことを目標にしたらいい。僕も協力するから」と言い、「ただ、バイトをしたり、治療者も含めいろんな人と接触しながらのほうが刺激があって探しやすいのでは?」ということと「真の目標が見つからなければ仮の目標だけでもいいのでは? 仮の目標を目指している間に真の目標が見つかる場合がある」と述べた後、かなり納得した感じでした。

その上で「今やっているバイトで、上司と合わなければ何も無理をすることはない。また探して合うところを見つければいいのだから」と言うと安心していました。

結局、彼はそこを辞めましたが、次のスーパーを見つけ、そこはとても合う感じがしたということで今度は長く続いているようです。そして、いろいろ考えた末、経理の専門学校に行くことを決め、卒業後はその分野で働きたいとのことでした。本人が来院して二年目のことでした。

トータルで五年かかりましたが、本人の父親へのこだわりは少なくなり、父母とも考え方が柔軟になってきました。

(6) 事例Lの解説

［問題点の背景］

Lがこうなったのは、やはり父が厳格に勉強させようとして、管理しすぎたことに一因があるように思われます。そして、姉と違ってLは言うことを素直に聞いたことで、自分というものが形成されにくかったのでしょう。また、両親ともに忙しく、厳格な躾だけで、優しく思いやりをかけるという愛情不足があったのでしょう。

これでは思春期になって挫折するのは当然で、成績が下がってくるという形で現れます。浪人が続くのも当然なのですが、まだLのしんどさに気づかない父親は注意をやめず、手痛いしっぺがえしを食らいます。

しかし、両親に攻撃を向けても、本人の主体性は形成されるはずもなく、引きこもりはますます強くなり、たまりかねた両親が専門家に相談しにきたということです。

それにしても、ここに出てくる家族の境界例的コミュニケーション、本人の他責傾向、自己同一性傷害、深い抑うつ、自己コントロールが効かず暴力のような行動化が出ることなどは、境界例的特徴をかなり持っていると考えられます。

［カウンセリングのポイント］

この事例における治療・カウンセリングのポイントを以下に挙げます。

①事情聴取
②できない場合に引き受けてくれる別の機関があることの説明
③両親の苦悩への思いやり、罪悪感の緩和
④母への安定剤投与（これにより父も助かり、ひいては本人も薬をのんで楽になり、精神科治療への抵抗は少なくなったと思われる）
⑤両親の協力体制の形成（境界例的コミュニケーションの改善と良き相互的対話の育成）
⑥本人への対応の試行錯誤的模索（交流促進と限界設定）
⑦両親の安全確保
⑧自動車学校へ行く時の本人への指導と免許の取得
⑨車購入を話し合うことで、アルバイトへの意欲の醸成
⑩父親攻撃から三者面談へ（本人が治療者のもとへくる）
⑪焦らずに、本人とともに目標を模索した

いずれにせよ、この間の本人、両親の苦悩は相当なものだったと思いますが、それに耐えてここまで成長されたことに敬意を表します。

この事例を見ると、つくづく治療やカウンセリングというのは、本人だけでなく、家族も交えた

共同作業であるということを痛感させられます。

［事例M］家族だけが通って改善した例（摂食障害・女性）

拒食と過食に代表される摂食障害の治療やカウンセリングの場合も、家族が相当重要な役割を果たします。この場合も、家族がどのように対応するのが望ましいかということになるのですが、やはり一概に「こうだ」とは言えません。しかし、何も具体例がないと参考にならないでしょうから、一例として家族だけが通ってきて少しずつ改善した例を提示します。

(1) 両親だけが来院

Mは、小学五、六年の時、デブと言われたことがあり、その後も容姿を気にするほうだったとのことです。

高二の時、やや太り気味になり、ダイエットを始めます。それが、かなりいきすぎて体重三〇キロ（身長一五五センチメートル）ぐらいになってしまったため、入院となってしまいます。入院で少しは体重が増えたのですが、退院後はまた拒食気味で、三五キロぐらいから増えていません。また内科医には通うのですが、精神科医には行こうとしません。

そして、家庭内では独特の食事の仕方をし、また親からみたらとても勝手な生活をするので、両親（特に母親）とのトラブルが絶えません。それで両親が困って相談に来ました。

［両親の苦悩を思いやる］

セラピストは、両親の話を聞いて、本人の歴史に関する理解を相互共有した後、両親が何でいちばん困っているか、何をいちばん心配しているか、どういうことを知りたがっているかを明らかにし、両親の苦悩を思いやることから始めました。

すると、両親がいちばん心配したり困ったりしていたことは、体重が増えないことと、本人独特の食習慣でした。それは朝、カロリーメイトを一個、夜は、野菜をハカリできっちり量りミキサーにかけたそのジュースだけといったものでした。そして、やたらと水を飲むのも心配していました。

その他、夜中遅くまで起きていること、入浴しないこと、ガリガリなのにショートパンツをはいたりして恥じらいのないこと、電気をいつもつけっぱなしにすることなどでした。

セラピストは、これを聞いた後、親子の交流が気になりましたので（というのは、摂食障害の親子関係は、先述したように、非常に悪くなっており、親の注意など聞かない状態になっていると推測されますので、まずは親と子の交流を図ることが大切だからです）、次の会話を母としました。

［母親との対話］

セラピスト「今まで、こうしたことに対してはどうしていたんですか？」
母「一応、注意はしていたんですが」
セ「それで、どうなりました？」
母「いっこうに聞こうとしません」
セ「お母さんとの関係はどうなりました」
母「いや、もう毎日喧嘩のような状態です」
セ「これから、どうするつもりですか？」

母「どうしたらいいんでしょう?」
セ「注意せずに、まず見守る態度をとるのと、注意をし続けるのとどちらがいいと思いますか?」
母「そりゃ、見守るほうがいいんでしょうけれど、こんなの放っておいていいんですか?」
セ「放っておかずに注意したら、改まりますか?」
母「いえ、無理です」
セ「では、見守るのと注意するのとどちらのほうが親子関係はよくなるでしょうか?」
母「そりゃ、見守るほうですね。でも、つい言いたくなってしまうんですよ」
セ「それはわかりますよ。でも、注意したらどうなります?」
母「関係は険悪になりますね」
セ「じゃ、どうされますか?」
母「一度見守るようにしてみます」
となりました。

(2) セラピストとの対話の後

横で父親も聞いていましたので、両親とも見守り路線をとったところ、「こちらが優しく接すると、向こうの態度も優しくなってきた。それにいろいろ話しかけてくるようになった」と報告してきました。

こうしたことがあった後、家族も、本人との関係改善が大事だという自覚が生まれだしたので、今度は母親に、本人との会話をノートに書いてくるように指示しました。

これによって、母は自分がいかに小言を言ってるかに気づかされたようでした。また本人のためを思っての発言が実は自分のイライラや不安の表現でしかないことにも気づいたようでした。また治療者も、このノートに関して「ここはこういう言い方をすると、母の愛情が生かされるようだけど」と注釈を入れたりして、どんな接し方が二人の関係改善にいいかをお互いに考えました（ただ、母親にとっては、この母親ノート法(49)〈東山紘久が発案〉は大変苦痛だったようです。自分の生の姿をさらすのですから、当然と言えば当然ですが）。

この後、セラピストは両親と、本人の気持ちがどうなっているのか話し合いますと、肥満恐怖や頭の中が食べ物のことでいっぱいであること、他に生き甲斐が見つからないこと、将来の不安があることなどで悩んでいるのだろうという理解がなされたようでした。そこで、それを踏まえて話し合うことで、両者の交流はさらに深まったようです。

その後は、釣りや旅行に誘ったり（これも強引で侵入的にならないように、本人の主体性を尊重するように）していったところ、最初はあまり気が進まないようでしたが、無理強いせずじっと待つようにしておくと、時々は一緒に行くようになり、本人も結構楽しく過ごせたようでした。

そうこうしているうちに、本人の食行動はだんだんと普通のものになり（前は、こうしていないといけないということが強すぎたとのことです）、一年後には体重は四五キロほどに回復し、将来も四年制の大学に編入して勉強を続けるといった形で目標ができ、今は普通の生活に戻っているとのことです。

(3) 家族相談のポイント

ここで、両親との相談におけるポイントをまとめておきます。

①まず、家族の話を聞き、家族の苦しみを思いやり、家族との関係を持つ。
②家族から、本人の歴史を聞きながら、家族とともに本人の心理状態の理解に努める。
③家族と本人の関係のありようについて、家族とともに理解を深める（母親ノート法の使用など）。
④本人に対する適切な接し方（相手の主体性や気持ちを尊重、意見は言うが押しつけない、質問しても侵入的にならないようにする、誘っても強制しないなど）を探っていく。
⑤親子の交流の促進（見守るが、ほったらかしにはせず、時に言葉かけをしたり誘ったりする）。

でもこれは、よく考えれば、何も摂食障害に限らず、どんな場合の治療にも通ずる原則のような気がします。それと、このM事例では、本人は一度も来院しませんでしたが、家族相談だけでも改善することとは、摂食障害だけに限らず他の事例でも比較的よく見られることです。

その意味では、家族のほうも「本人が来ないとどうしようもない」と決めつけずに、まずは両親とセラピストとの間でできることから始めてみるということが重要だと思われます。

終章

望ましいカウンセラーを目指して

◆1◆……悩み多き時代……◆

日々、カウンセリングの営みを続け、多くのクライエントに出会っていると、実にさまざまな悩みが、各年代を通じて存在していることに驚かされます。それと同時に、目の前のクライエントとの対話を通して、筆者には、その背後にいる悩める国民の姿が重なるように映ってきます。

もっとはっきり言いますと、国民の多くが追い詰められているように思えてならないのです。追い詰められている人でカウンセリングに来て問題解決がなされた人は、まだ幸運な人に属するのでしょうが、カウンセリングにも来れずに自殺してしまったり、悲劇的な事件に至ったりする人々はかなりの数に上るでしょう。

今、日本の自殺者は、年間で三万人を超えています。もしこれらの人がカウンセリングや精神科治療を受けていたら、少なくとも一割の人の命が救われたのではないかという気がします（これは、臨床場面で、自殺を思い留まり、再出発が可能になった多くの例に基づいての記述です）。

国民がどのように追い詰められているのか、また追い詰められている原因は何か、といった問題の詳しい考察は、また別の機会に譲りますが、現在の国民の大きな特徴は「主体性の著しい後退」といった点に現れていると思います。主体性とは、自分で考え、他者の意見も参考にし、自分で決断し、自分の行動は自分で責任をとるといったことです。この主体性をさらに詳しく言うと、自分の心を見る力、他者配慮性、対話能力、相互性、自己主張能力、困難耐性力、柔軟で適切な選択・決断能力、協調性、人生を楽しむ力、といったところでしょうか。逆に主体性の後退した人にあっては、常に不安、憂うつ、孤立感、異常意識、イライラ感、困惑（どうしていいかわからない）に襲われ、行動は後ろ向きで不適切で破壊的で衝動的なものになり、さらには対人関係においても対話や協調や連帯ができず絶えず孤立していたり、個々バラバラの状態に追い込まれてしまいます。今の日本国民（広く考えると世界の人々）の多くがこのような主体性後退、自助能力や対話能力の低下に追いやられているのではないかという気がします。

これは、自分も他者も苦しむといった状態です。この時、この苦しみを出発点にして立ち直ろうとしたり、専門家（カウンセラー、精神科医など）のもとに行ける人はいいのですが、苦しみを苦しみと受け止められなかったり、すぐ衝動的になったりする場合も多く、その時、悲劇が生ずるのです。

◆2◆……心理面接の例……◆

このように主体性が後退した人々、すなわちクライエントに対する援助例は、これまでの記載で多く述べてきましたが、今一度、四例ほどのカウンセリング事例を挙げてみます。

［事例N］（パニック障害）

N（中年女性）は、過換気症候群ということで、さる大学病院精神科の診療を半年間受けていたが改善せず、筆者の以前の勤務先である総合病院の精神科を受診した。筆者は診察の後、背後に夫婦間の葛藤やパーソナリティの問題があると感じ、カウンセラーに心理面接を依頼した。そのカウンセラーは、クライエント主導型の面接を続け、それによってクライエントは自然に夫婦の問題点や自分の性格傾向に気づき、症状の改善はもとより、発症以前よりも生き生きしたようになった。筆者はこの間、診察と投薬を受け持ったが、後半は薬の必要がなくなった。

［事例O］（うつ病）

O（初老女性）は、ひとり娘との間がうまくいかなくなり、深刻な対象喪失に悩み、うつ状態と不眠を呈し、さる病院の精神科を訪れた。最初は少し薬が効いていたが、徐々に状態は悪化し、薬の量がどんどん増えてきたため、心配になり、Nと同じように筆者の以前の病院を訪れた。筆者は、減薬するとともに、またカウンセラーに面接を依頼した。カウンセラーは、対象喪失のつらさに聞き入るだけでなく、Oの娘に対する執着の強さに気づかせるようにしていくと、自然に娘との適切な距離が置けるようになり、うつ状態と不眠は改善し、薬も必要でなくなった。Oは、遅まきながら、子離れができたと喜んでいた。

［事例P］（摂食障害）

Pは、摂食障害の一九歳の女性であり、各医療機関を転々としていて、筆者のクリニックに相談に来た。筆者は、必要に応じての投薬ということで、カウンセラーに面接を依頼した。カウンセラーは、現在の対人関係を中心に聞きながら、それまでの親子関係のあり方に焦点を当てていったところ、人に合わせる仮の自己だけが発達していて、本音の自己が抑えられてきたことがわかってきた。この時点で、本人の親への反抗が激しくなり、びっくりした親が、筆者の診察に来たが、「この反抗はむしろ自己主張の現れで好ましい変化」と説明すると安心したようであった。その後、何回か行動化があり、薬の助けを借りたりする時もあったが、四年間の心理面接で、摂食障害は改善し、また本人は、病気以前よりも本音が出せるようになったということで嬉しそうであった。

［事例Q］（統合失調症の家族面接）

次のQは、家族面接の例である。

Q（男性）は、二〇歳の時、統合失調症を発症し、以後四回の入退院を繰り返した。次第に病状は悪化し、入院期間が長くなってきて、四回目の入院では三年間の長期在院を強いられていた。このことで、両親は、知り合いを通じてカウンセラーを紹介してもらったところ、そのカウンセラーは、両親の相談面接を引き受けた。カウンセラーは、親の苦悩を思いやると同時に、親の本人への接し方や、また主治医との有効な関わり方についても相談に乗り続けた。その結果、本人も親もあきらめかけていた社会復帰の希望を取り戻し、本人も作業療法に参加して退院し、社会参加を目指すようになってきた。

以上、簡単に、カウンセラーの活動の一端を紹介しましたが、これ以外にも、薬や医師の簡単な診察だけでは、なかなか治らないうつ病、神経症、そして特に近年問題になっている不登校、不就労、引きこもり、人格障害、境界例、多重人格、解離性障害など（これらはいずれも主体性後退の一つの現れです）に対する、カウンセラーの心理面接援助行為の重大さは、いくら強調しても強調しすぎることはないと思います。

優秀で役に立つカウンセラーとの出会いは、その人だけではなく、その家族の運命を変えることもあります。

また、カウンセラーにこうした患者の面接を引き受けてもらえることは、多くの難事例を抱えている精神科医にとっても大いに救いになることです。もし、カウンセラーの方がいなかったら、精神科医は燃えつき、患者は必要な援助を受けられないという悲惨なことになると思われます。

◆3◆……センターでの経験から……◆

以上は、主として医療領域でのカウンセラーの活躍でしたが、一般的な相談に関しても多くのクライエントが訪れます。というより、境界例や統合失調症といった病態と、一般の悩み相談との間にはそう距離はありません。いずれも人間の弱点の積み重なりの一つの現れであり、追い詰められた一つの結果だということです。

カウンセラーの活動の一つの例として、筆者のクリニックに併設する新大阪カウンセリングセンターの活動内容を以下に報告したいと思います。一九九一年二月一日に開所した当センターは、これまでに延べ一四〇〇人以上のクライエントを引き受けてきましたが、その相談内容や来談者は、次の通りです。ただし、正確な統計でなく、記憶と印象に頼った、かなりおおざっぱなものであることをお断りしておきます。

①引きこもり、無活動、無気力、生き甲斐のなさ
②不登校、学校をめぐるトラブル
③不就労、職場不適応
④家庭内暴力、破壊的行動、暴言
⑤親子関係のトラブル、家族関係の困難
⑥拒食・過食などの摂食障害
⑦リストカット、大量服薬などの自傷行為
⑧浪費癖、ギャンブル依存症
⑨不眠症、不眠恐怖
⑩対人恐怖、視線恐怖、嫌われ恐怖、対人関係の困難、友達ができない
⑪醜形恐怖、美容整形の相談
⑫自己臭恐怖
⑬長引くうつ病、薬で効かないうつ病
⑭長引く神経症、パニック障害、強迫神経症
⑮自律神経失調症、更年期障害
⑯エイズノイローゼ、癌ノイローゼ
⑰長引く身体疾患にまつわる悩み

⑱心身症
⑲長引く統合失調症
⑳境界例
㉑解離性障害、多重人格
㉒人格障害
㉓希死念慮、自殺未遂
㉔セックスレス、インポテンツ、性機能不全
㉕夫婦関係のトラブル、不倫問題、離婚相談
㉖恋愛、失恋問題
㉗セクハラ、パワハラなど
㉘子供の結婚相談
㉙騒音や隣人とのトラブル
㉚人生の問題に関する悩み（何のために生きるのか、生き甲斐が見つからない）
㉛悩める教師（学級崩壊、生徒が怖い、教員間のトラブル、職場と家庭の板ばさみ）
㉜悩める医師（責任の引き受けすぎ、燃えつき症候群）
㉝疲れ切った看護師（うつ状態が多い）
㉞信者に巻き込まれる牧師
㉟初心のカウンセラーからの相談（教育分析、スーパーヴィジョン）

ざっと挙げただけでもこんなに多様な悩みがあるのです。仮にきちんと統計が出ればもっといろんな悩み、苦しみが浮かび上がってくるでしょう。精神科クリニックと同じく、カウンセリングセンターは、まさに「よろず相談所」と言っていいのかもしれません。

それから、これも大事なことですが、以上の相談には、家族が来ることが多いということです。これも印象だけですが、およそ全体の四分の一から三分の一は、家族が最初に来ます。これは、本人が自分の心を見る能力、悩む能力を十分に持っていないことの現れと言えるのでしょうが、その時はまず家族の方との共同作業がカウンセリングの出発点になるのです。

◆4◆……二種類のカウンセラー……◆

このように、主体性が後退し追い詰められたクライエントがカウンセラーに頼るのはいいとしても、残念ながらすべてのカウンセラーがその期待に応えられるとは限りません（これは医師の場合でも同じですが）。クライエントや国民にとっては、役立つカウンセラーこそが必要なのですが、必ずしもそうなっていないのです。今からそのことについて考えていきますが、その手はじめとして、いささか極端な例を出してみます。

［事例R］（薬だけでは治らないうつ病患者）

ある中年男性R（四五歳）は、業績の悪化などをきっかけに、不眠、疲労・倦怠感、ひどい抑うつ感、集中力低下、気力低下などを呈し、精神科医を受診した結果、「うつ病」と診断され、抗うつ剤や抗不安剤といった薬をもらった。これで不眠は改善し、少し疲労感はましになったが、相変わらずうつ気分、意欲低下が続き、医師が薬をかなり変えたりするが、なかなか良くならないので、医師はカウンセラーへの心理面接依頼を考えた。

こうしたことは日常によく見られる光景ですが、ここで二人のカウンセラーAとBに登場してもらいます。

●Aカウンセラーの対応〈A＝amateur〈アマチュアの、未熟な、素人の〉〉

Aは、この患者の話を表面的に聞いた後、「あまりに真面目に考えすぎですから、気にしないでおいたらどうですか」とか、「テニスでもして、気分転換を図ったらどうですか」とか、「そのうち薬が効いてくると思いますから、もう少し待ったらどうですか」とか、「とにかく今の先生（精神科医）を信頼して通っていたら、治ると思いますよ」とか言って、それ以外のことは言わなかった。

●Bカウンセラーの対応〈B＝better〈好ましい、より優れた〉〉

一方、Bは、この患者の疲れ、苦しさをまず思いやりながら、これまでの事情を聞いていく。Bは、患者に自由に喋らせるが、非常につらいところや勘どころでは自然にうなずいたりするので、患者はたくさん話せる。また、話が途絶えたりすると、適当に患者の負担にならないような、しかも患者の援助に役立つような質問をし、さらには患者の話にまとまりが欠けてくると「ここは、こういうことですか?」と質問の形でまとめてあげたり、また少しわかりにくいところにさしかかると明確にするようにさせたりする。そして、傾聴を主とはするが、時に「これまで順調にきていたのに、四五になって、はじめてこんなふうになって、本当につらいでしょうね」という言葉かけもする。その結果、患者はさらにたくさん話ができた。そして、患者は自然に（といっても、Bが適当に質問するのも入るが）「①今まで、うつの消失ばかり考えていたが、よく考えれば、うまくいかないことで憂うつになることは人間誰でもあり得る。だから、治療目標はこのうつ気分を受け止め、それとうまく付き合うことに変えよう」「②ただ、自分はやはり人よりうつに陥りやすいタイプだと思う。というのは真面目で敏感で完全主義でありすぎたからである。B先生の言うように、そういうところも自分のいいところかもしれないが、あまりにこれがいきすぎると、疲れがひどくなるのでほどほどにしよう」「③それと同じことだが、自分は今までイエスマンでありすぎた。やはりできないことはできないと言うことにしよう。しかもなるべくやわらかに」「④また、イエスマンであると同時に、優越感も内心ではかなり強く、それで無理に仕事を引き受けすぎたのかもしれない」「⑤さらに、自分は仕事一途できすぎた。もう少し自分の好きな趣味を楽しんだり、家族との交流を図ろう」「⑥それから、薬にあまり期待を持ちすぎていた。役には立つが、これでうつ気分がゼロになるわけではない。でも、少しでも楽になるので時に応じて利用したい」といったことに気づいていった。

●AとBの違い

さて、このAとBとでは、どちらが患者の役に立つかは、あまりに明白でしょう。もちろんBのようなカウンセラーの面接を受けた患者は、楽になると同時に、自分の病気の原因や自分自身の問題点もわかり、その後の生き方までのびのびしてきて、充実してくるというのが、しばしば見られます。他方で、Aのようなやり方は、本人の深い苦悩を理解せず、素人が言うようなことしか言えていません。これで、立ち直る患者もひょっとしたらいるかもしれませんが、多くは病状の遷延・悪化をもたらし、自殺の危険性まで招来させる可能性を持つかもしれません。もちろん、現実にはAのようなカウンセラーはほとんどいないでしょうし、いたとしてもそれは、まだごく経験の浅いカウンセラーだと思われます（精神科医でも、経験が浅ければ、Aのような「素人的対応」をしてしまいやすいものです）。

ただ、追い詰められているクライエントとしては、初心者かどうかは別として、やはり役に立つ対応して欲しいのは当然なので、Bのような、クライエントと波長を合わせて、ともに問題解決の共同作業を行うカウンセラーが求められるのです。

このような望ましくないカウンセラーと望ましいカウンセラーの例として、また二人のカウンセラーU（unsuitable〈不適切な〉）とD（desirable〈望ましい〉）に登場してもらいます。

［事例S］（対人恐怖に悩む男子大学生）

クライエントは厳格な家庭の長男（妹が一人）として育ち、成績は良かったがなかなか友達ができず、不満足なまま中学・高校生活を送っていた。勉強はできたので、志望大学に入れたが、そこでは他者と会うとひどく緊張し、特に相手の視線も自分の視線も怖く、また自分が赤面したり、緊張したりするのをひどく気にするという事態になった。彼は、学業に身が入らないだけではなく、学校へも行けなくなってきた。そして、このことを知った両親はびっくりして精神科医の受診を勧めたところ、その医師は彼のことを「対人恐怖」だと診断し、カウンセリングを紹介した。

これもよくあるケースですが、紹介を受けたUカウンセラーとDカウンセラーの対応を見ていきましょう。

●Uカウンセラーの対応

Uは、ともかく一生懸命相手の話を聞いてそれに共感しようとした。Uは、大学のカウンセリングの授業で、「カウンセラーが熱心に耳を傾ければ、クライエントは自然と自己理解を深め、面接は進んでいく」と教えられていたので、そうしたのだが、案に相違して、クライエントはぽつりぽつりとしか話さないし、固い表情を崩そうとしないし、とても緊張しているようである。

Uは沈黙に耐えられず、ともかくも家族歴や成育歴を聞き出していき、少しずつ背景がわかってきた。そして一生懸命「つらいでしょうね」と共感しようとするが、相手の反応は変わらず、もちろん対人関係や日常生活の改善もない。ただ、カウンセリング場面では少しずつ、クライエントも自発的に話をしだした。

そして、今度はクライエントのほうから「どうしたら、この緊張がなくなるか?」「緊張せずに人前に出るにはどうしたらいいか?」といった質問が出てきた。Uは、大学で「クライエントの質問には直接的に答えてはいけない。それは指示することになりクライエント中心ではなくなる」と教えられていたため、直接は答えず「緊張があって苦しいんですね」というように返していく対応をした（もっと正確に言うと、どう答えていいかわからなかったので、オウム返し的な応答しかできなかったということであろう）。しかし、クライエントは明らかに不満なようであり、以後、遅刻やキャンセルが多くなった。Uは困ってしまったが、どうすることもできないまま、中断になってしまった。後で、クライエントの母親から聞いたところ、クライエントは「カウンセリングって役に立つと思っていたのに、こちらの話を聞き出すだけで、肝心の質問にちっとも答えてくれない。お金と時間の無駄だった」と言っているとのことで、Uはひどいショックを受けた。

●Dカウンセラーの対応

Dは、クライエントから事情を聞こうとした時、相手が非常に固い表情でほとんど喋らないので、「失礼ですが、このカウンセリングは、自分で希望されたのですか？　それとも勧められて来たのですか？」と聞いた。クライエントは、実は精神科の受診もカウンセリングも、自分が進んでというよりは、親に勧められて来たのであまり気乗りがしないところがあるし、本当にカウンセリングで治るかどうか疑っているということであった。

Dは、そういう事情であれば、あまり話す気にならないのは当然だし、またカウンセリングへの疑いは当然だし（クライエントにとってカウンセリングがどんなものかわからないわけだから）、その疑いを大事にしたらいい、ということをクライエントに伝えた。

これで、クライエントは楽になったのか、少し表情も緩め、自分のこれまでの歴史を詳しく話しだした。Dは、大げさな共感は控え、じっくり聞き入ると同時に、重大な点ではより詳しく事態を明確化するための質問をしていき、これにより一層クライエントは楽になっていった。

クライエントは、元気になったこともあって、思い切って大学に行ってみたが、やはり対人緊張、対人恐怖が強く、苦しい体験をし、Dに「いったい、この緊張はどうしたらなくなるんですか？」と聞いてきた。これに対し、Dは「その緊張はゼロにならないといけないのか？　それとも半分ぐらいに減るだけでもいいのか？」というように聞き返した。クライエントは、じっと考え込んだ後、そのことについてDと話し合いを続けた結果「希望としてはゼロになって欲しいけれど、どうもそれは無理なようである。せめて半分ぐらいに減らすにはどうしたらいいか？」という質問に落ち着いた。

Dは、これに対して「緊張を強めるものと弱めるもの」について考えさせたところ、背後に「嫌われ恐怖」「好かれ願望」が強く居座っていることが明らかになった。クライエントは、嫌われ恐怖を強く持ちすぎていることを、だめだと言ったが、Dはそれについて話し合ったところ、Sは「嫌われ恐怖はあって当たり前。したがって緊張もあって当たり前。大事なことは、この緊張を持ちながら、自分のしたいことや適切な行動をしていこう」という形で気持ちをまとめた。その結果、徐々に定期的な登校が可能になり、また友達も少しではあるができたし、さらに自分が親のいいなりで、自信がなかったことなどをいろいろ洞察し、カウンセリングはクライエントの満足のうちに終結した。

●UとDの違い

このUとDのような例も、いささか極端なものかもしれませんが、一応両者の違いを見てみましょう。

DはUに比べ、①初期の出会いやカウンセリングの入口の取り扱いを重視し、②クライエントのカウンセリングへの動機を確かめようとし、③クライエントの波長になるべく合わせ、④質問には、クライエントの役に立つよう、なるべくクライエントに考えさせ、⑤教科書やマニュアルにこだわらず、柔軟な発想で取り組むといったことができているようです。それが、クライエントを改善させた要因になっているようです。

では、なぜ、UはDのようにできなかったのか。これは、Uの経験不足もあるのかもしれませんが、それより、Uの受けた教育（たとえば「カウンセラーが傾聴し、共感し、支持的態度で関わり、クライエントを中心に考え、なるべく指示したりせずに、クライエントの自由性を尊重していくと、自ずとクライエントは自分に気づき、自分を肯定し、自分を信頼できるようになる」といった）も影響していると思われます。

このような教えは正しい面も多いのですが、少し主体性の後退したクライエントには残念ながら通用しません。聞いてもらうだけで、自分への肯定や信頼や洞察を得ていく人は相当健康な人で、少なくとも筆者のもとを訪れるクライエントで、そういう人はまれです（教育分析やスーパーヴィジョンを受ける人はそれに近い場合の人がいますが、健康な人でも、聞くだけより相手に考えさせるほうが有効です）。

もちろん、Uカウンセラーは、今後経験を積むことによって望ましい（desirable）Dのようなカウンセラーに成長していくと思いますが、最初のカウンセリングの授業を受ける段階から、カウンセリングの真実を知っていたら、また成長の速度が違い、クライエントや国民に対する益も大きかったのではないかと思われます。

◆5◆……望ましいカウンセラー像……◆

今、四人のカウンセラーの例を出しましたが、追い詰められ苦しんでいるクライエントとしては、誰しもBやDのようなカウンセラーを望むと思われます。

そこで、筆者なりに、今までの総まとめとして、望ましいカウンセラー像を箇条書きにして挙げておきます。

①熱意があること

ただし、ほどよい熱意であまり目立たず、にじみでるぐらいがよく、持続的であること。クライエントを振り回さないことが大事。クライエントに関して自然と関心を持てる。

②癒し人としての素質があること

他者の立場に立って考えられる人、目に見えない心の動きに対する感受性に優れていることなど。心の襞《ひだ》や命の流れに敏感と言ってもいい。

③技術面で優れていること

面接で、クライエントが「あの臨床心理士と話していると何でも言いたくなる」「いろんなことに気づかされる」「話が自然と整理される」「聞いてもらうだけで、自分の問題点がわかる」と言う。

④クライエントの質問を適切に扱えること

クライエントは、自分が病気かどうか、病気だとしたら病名は何か、病気の原因は何か、治るのかどうか、いつごろ治るのか、どうしたら治るのか、子供に対してどう接したらいいのかといったさまざまな質問を投げかけるが、それをクライエントの役に立つよう一緒に考えていくことが大事。

⑤安心感、安全感を与え、孤立感・異常意識を和らげられること

⑥面接中の困難に耐え、困難の原因を考え、それをクライエントの役に立たせられること

⑦困難な中でも比較的安定した精神状態でいられること

困難（カウンセリング意欲に乏しい、否定的、治療動機が非現実的、沈黙が多い、関係ない話ばかりする、カウンセラーに対して質問責めにする、その他、怒り、失望、不信、不満、行動化、すがりつきなど）に対して、それはむしろカウンセリングの転換点、出発点になるという考えを持てていることが望ましい。

⑧自分のことや能力、精神状態や自己の限界をよくわかっていること

限界を越えるようなことを要求された場合は、相手に応じて適切に断れることが大事。

⑨どんな話題（薬、身体、法律、教育など）にもついていけること

たとえば、クライエントが「この薬はいつまでのんだらいいのでしょうか？」という、本来、精神科医に向ける質問をしてきた場合でも、それをとりあげながら、精神科医とその問題について話し合うよう援助したり、薬の役割と限界について一緒に考えたり（もちろん「精神科医ではないから参考意見だが」と断りながら）すると、「薬のことなどわかりません」と言う心理士より、クライエントから信頼されるのは間違いないであろう。こういう臨床心理士は、薬ということを話題にしながら、クライエントの自己主張能力や自己検討能力を高めるのに寄与しているのである。

⑩一つの面接法・スタイルに固執せず、クライエントに沿っていけること

⑪重症例（精神病、境界例、人格障害など）の面接経験を持っていること

場合によっては、受容、共感、非指示的態度が大変危険であることを知っている。

⑫他のスタッフ（医療では精神科医、看護師、O.T.〈作業療法士〉、P.T.〈理学療法士〉などとの連係、他の部門では教師、養護教諭など）との協力に熱心であること

場合によっては、他のスタッフのカウンセリング的支えもできる。単に友好的であるだけでなく、必要なことであれば厳しい批判を含んだ相互討論ができる。

⑬緊急事態やクライエントの危険性（自己・他者破壊傾向など）**について、常に敏感であり、適切な処置**（病院や精神科医への連絡など）**ができること**

⑭ある程度、身体への知識や関心を持っていること

うつ状態の背後に身体病が隠されているかもしれないし、頭痛の背後に脳腫瘍があるかもしれないといったアンテナを持っていることが大事。

⑮正確でかつ有益な心理査定ができること

⑯カウンセラー自身のクライエントに対する欲求をよくわかっていること

自分の能力を証明したいという自己愛的欲求、勉強の対象とする欲求、金銭・研究・著作の対象とする欲求、親密感欲求などをよくわかり、それをクライエントに役立つように使うこと。また、クライエントに対する否定的感情（恐れ、怒り、疑問など）をよく見つめることができ、それを治療のプラスになるように使えること。

これら①から⑯は、まったく筆者のファンタジーにすぎないので、これらについては今後多くの人からの意見をもらいながら修正していく必要があります。また、理想像と言っても、時代とともに変わっていくでしょうから、あまり固定的に考えないほうがいいと思われますが、とりあえず、これは一つの目安です。

さらに、①から⑯を完全に満たすのはなかなか難しいことでしょう（筆者など、到底この基準に達していません）。しかし、クライエントや国民は、カウンセラーがそのような存在であることを望んでいますし、また理想はすぐに実現できなくても、理想がないと方向性が見えてこないと思われます。

だから、一歩でもそこに近づけるようになることが大事なのでしょう。

そして、このような条件を満たしている、あるいは満たそうと努力しているカウンセラーを、国民は望んでいると思われます。

現在、ほとんどの国民は、医師（特に役立つ医師）を生活上なくてはならない存在と考えているように思われますが、優秀なカウンセラーも同じように必要不可欠な存在なのです。ただ、カウンセラーについては、その名称自体は知られだしたにせよ、その活躍や有用性はまだまだ十分には知られていません。

さらに、臨床心理士の国家資格がまだ得られていないため、不十分な環境の中でしか働けず、その結果、せっかくの有能さが発揮できず、結局、国民が損をしているようです。

もちろん、何でもカウンセラーに相談するというのは考えものですが（ちょっとしたことで医師にかかるのが問題であるように）、困ったり、追い詰められたり、どうしていいかわからなくなったりした時に、相談に乗ってくれる専門家がいるというのはありがたいことです。

我々カウンセラーは、このような国民の期待に少しでも応えるように日々精進していかねばと思う次第です。

あとがき

　現在、筆者は、三分の二は精神科医として平井クリニックで、三分の一はカウンセラー・臨床心理士として新大阪カウンセリングセンターで活動しています。既刊の前三著は、主に精神科医としての立場で書かせてもらいましたが、今回はカウンセラーの立場に立って著しました。

　ただ、カウンセラーの立場になってといっても、精神科医としてのバイアス（偏り）が相当かかっていますので、純粋なカウンセラーとしての見方と少し違った印象を持たれたかもしれませんが、こういうカウンセラーもいるのだというところを認めていただくとありがたいと思います。

　それから、書いた後で、こんなことを言っては読者の方に申し訳ありませんが、いささか考察が浅かったり、見当違いのことを書いたのではと危惧していますが、その点はご指摘いただくと助かります。筆者の中では、「もう少し時間をかけて練ってから」という思いと、「今、現在のカウンセリングや心理治療の現状を早く伝えるべきだ」という思いが交錯し、やや後者が勝ったような気がします。それゆえ、理論書、教科書を目指しながら、何か現認報告書のようになった感じもしますが、そのほうが臨床現場の雰囲気を伝えたり、臨場感を出せるのでよかったのかなと勝手な思いもあります。

それと、いつも思うことですが、紙数の関係もあって、思ったことの半分も書けていないという思いがありますが、それは次回の課題にしたいと思っておりますのでお許しください。

いずれにせよ、本書でいちばん伝えたかったのは、役立つカウンセリングとはどんなものか、心の病が治るにはどうしたらよいのか、という点で、すべての記述はそこに集約させたつもりです。

その点で言えば、これまでのカウンセリングは、どうしてもいささか受け身的すぎたのではないかという思いがしています。クライエントからも「望ましいカウンセラーとして、ただ聴いてくれるだけでなく、適当なアドバイスをしてくれる人がいい」という訴えをよく聞きます。もちろん、そうしたクライエントの要望を満たすように動くことが望ましいかどうかはわかりませんが、筆者のもとには、明らかに従来のカウンセリングに不満を持って訪れる人が多いことは確かです。

筆者自身は、カウンセラーや治療者の基本は受け身であって、クライエントを引っ張っていくことではないと思っていますし、カウンセラーの基本的受動性はクライエントを尊重することになり、クライエントの自己実現を助けると考えています。

しかし、問題は、受け身的「すぎる」ことにあります。受け身はいいのですが、より望ましい受け身としては、適切な時に適切に介入できる「積極的な受け身」がいいのではないのでしょうか。この「能動的関わりを含んだ、ゆとりある受動性」が、役立つカウンセリングとして、クライエントに益すると思われます。もし、受け身一本やりだと、よく言われるように「カウンセラーは聴くだけで、役に立たない存在だ」と見られてしまうのではないでしょうか。この点で、昔、辻悟先生に治療の手ほどきを受けたとき、先生から教わった「受け身の踏み込み」の大事さを、現在しみじみと実感しています。

本書では、この適切な受け身、適切な踏み込みがどんなものであるかを示したつもりですが、もちろん、まだまだ不十分な点があります。この点については、今まで筆者を育ててくれた多くのクライエントやこれからも出会うであろうクライエントへの恩返しの気持ちを込めて、今後精進していきたいと思っております。

参考・引用文献

(1) 平井孝男『心の病いの治療ポイント——事例を通した理解』創元社、一九八九年
(2) 平井孝男『境界例の治療ポイント』創元社、二〇〇二年
(3) 平井孝男『うつ病の治療ポイント——長期化の予防とその対策』創元社、二〇〇四年
(4) 遠藤裕乃『ころんで学ぶ心理療法——初心者のための逆転移入門』(日本評論社、二〇〇三年)にも同様の事情が記されている。
(5)「治りますか」という質問へのより詳しい対応は、文献(2)を参照のこと。
(6) 辻悟編『治療精神医学——ケースカンファレンスと理論』医学書院、一九八〇年
(7) 八尋華那雄「治療の終結・治療の予後」小川捷之編『現代のエスプリ別冊　臨床心理用語事典2』至文堂、一九八一年
(8) C・R・ロジャーズ(友田不二男編訳)『ロージァズ全集3　サイコセラピィ』岩崎学術出版社、一九六六年
(9) C・G・ユング(池田紘一・鎌田道生訳)『心理学と錬金術』人文書院、一九七六年
(10) S・フロイト(懸田克躬・小此木啓吾訳)『フロイト著作集7　ヒステリー研究他』人文書院、一九七四年
(11) S・フロイト(小此木啓吾訳)『フロイト著作集9　技法・症例篇』人文書院、一九八三年
(12) エディプスコンプレックスとは、子供が両親に対して抱く愛および憎悪の欲望の組織的総体を言う。エディプスコンプレックスは、人格の構成と人間の欲求や生き方の方向づけにかなり重要な役割を果たすので、この発見が治療にとって大事だとフロイトは言いたいのだろう。
(13) 荻野恒一『現象学的精神病理学』医学書院、一九七三年
(14) 水島恵一「カウンセリングの基礎」岡堂哲雄編『現代のエスプリ106　治療の心理学』至文堂、一九七六年
(15) 諸富祥彦・藤見幸雄編『現代のエスプリ435　トランスパーソナル心理療法』至文堂、二〇〇三年

(16) 華厳経の中の「四諦名号品」より。
(17) M・P・ホール（大沼忠弘訳）『古代の密儀』人文書院、一九八〇年
(18) C・R・ロジャーズ（畠瀬直子監訳）『人間尊重の心理学――わが人生と思想を語る』創元社、一九八四年
(19) M・バリント（中井久夫訳）『治療論からみた退行――基底欠損の精神分析』金剛出版、一九七八年
(20) より詳しくは文献(2)を参照のこと。
(21) 松原達哉『図解雑学　心理カウンセリング』ナツメ社、二〇〇四年
(22) C・R・ロジャーズ（伊東博編訳）『ロージァズ全集21　サイコセラピィの実践』岩崎学術出版社、一九七二年
(23) 妙観察智とは、唯識の説く四智の一つで、「意識」でもあり「あらゆるものを正しく追求する智」「あらゆるあり方を沈思熟慮する智」でもある。
(24) アルド・カロテヌート（入江良平・村本詔司・小川捷之訳）『秘密のシンメトリー――ユング／シュピールライン／フロイト』みすず書房、一九九一年
(25) 小説「ザビーナ」では、ユングとシュピールラインのことがより詳細に書かれている。シュピールラインのひたむきな生き方は感動的であり、涙なくしては読めない物語。カシュテン・アルネス（藤本優子訳）『ザビーナ――ユングとフロイトの運命を変えた女』日本放送出版協会、一九九九年
(26) 村本詔司『心理臨床と倫理』朱鷺書房、一九九八年
(27) S・フロイト（井村恒郎・小此木啓吾ほか訳）『フロイト著作集6　自我論・不安本能論』人文書院、一九七〇年
(28) J・ラプランシュほか（村上仁監訳、新井清訳）『精神分析用語辞典』みすず書房、一九七七年
(29) W・ライヒ（小此木啓吾訳）『性格分析――その技法と理論』岩崎学術出版社、一九六四年
(30) A・フロイト（外林大作訳）『自我と防衛』誠信書房、一九五八年
(31) 逆抵抗については、以下の文献がかなり詳しい。ハーバート・S・ストリーン（遠藤裕乃・高沢昇訳）『逆抵抗――心理療法家のつまずきとその解決』金剛出版、二〇〇〇年
(32) ウィニコットがはじめた、クライエント（子供が主）とセラピストが、相互になぐり描きをしていく一種

の遊戯・表現療法。
(33) ニーチェ（手塚富雄ほか訳）「ツァラトゥストラ」『世界の名著　ニーチェ』中央公論新社、一九六六年
(34) キェルケゴール（斎藤信治訳）『不安の概念』岩波文庫、一九五一年
(35) S・フロイト（高橋義孝訳）『フロイト著作集2　夢判断』人文書院、一九六八年
(36) F・S・パールズ（倉戸ヨシヤ監訳）『ゲシュタルト療法——その理論と実際』ナカニシヤ出版、一九九〇年
(37) C・G・ユング（河合隼雄・藤縄昭・出井淑子訳）『ユング自伝1』みすず書房、一九七二年
(38) 玉城康四郎『現代語訳　正法眼蔵1』大蔵出版、一九九三年
(39) G・de・ネルヴァル（佐藤正彰訳）「オーレリア」『ネルヴァル全集3』筑摩書房、一九七六年
(40) C・G・ユング（江野専次郎訳）「夢分析の実用性」『ユング著作集3　こころの構造』日本教文社、一九七〇年
(41) C・G・ユング（宮本忠雄・吉野啓子訳）「夢の本質」エピステーメー、第3巻4号（一九七七年五月号）
(42) 夢の利用についてさらに知りたい人は、以下の文献を参照。山中康裕「Jung 学派」松下正明ほか編『臨床精神医学講座第15巻　精神療法』中山書店、一九九九年
(43) 薬に対してより詳しく知りたい方は、文献(3)を参照のこと。
(44) 鶴光代「臨床動作法とスクールカウンセラー」村山正治編『現代のエスプリ別冊　臨床心理士によるスクールカウンセラー』至文堂、二〇〇〇年
(45) Jacobson, E.: *Progressive relaxation*. University of Chicago Press, 1929.
(46) 佐々木雄二『自律訓練法の実際——心身の健康のために』創元社、一九七六年
(47) J・V・バスマジアン（平井久監訳）『臨床家のためのバイオフィードバック法』医学書院、一九八八年
(48) Wolpe, J.: The systematic desensitization treatment of neuroses. *Journal of Nervous and Mental Disease*, 132, 189-203, 1961.
(49) 東山紘久『母親と教師がなおす登校拒否——母親ノート法のすすめ』創元社、一九八四年

著者略歴

平井孝男（ひらい　たかお）

1949年、三重県上野市に生まれる。

1974年、金沢大学医学部を卒業後、大阪大学病院精神科、大阪逓信病院神経科、仏政府給費留学、榎坂病院・淀川キリスト教病院精神神経科を経て、1991年4月、平井クリニックと新大阪カウンセリングセンターを開設。

現在、平井クリニック院長、新大阪カウンセリングセンター長を務める傍ら、大阪経済大学客員教授、大阪市立大学生活科学部、および関西カウンセリングセンターなどで、治療学の講座を担当。精神科医。臨床心理士。

著　書『心の病いの治療ポイント』『境界例の治療ポイント』『うつ病の治療ポイント』（以上、創元社）、『治療精神医学』（共著、医学書院）、『精神病治療を語る』『分裂病者の社会生活支援』（以上、共著、金剛出版）、『癒しの森』（共著、創元社）など。

論　文「遷延うつ病の治療」「（分裂病における）再発の治療的利用」「境界例の治療」、連載「仏陀の癒し（8回）」（「季刊仏教」法藏館）など。

連絡先 平井クリニック

大阪市東淀川区西淡路1-16-13　新大阪ＭＦＤビル２Ｆ

Tel.06-6321-8449　Fax.06-6321-8445

新大阪カウンセリングセンター

住所同上　Tel.06-6323-2418

カウンセリングの治療《ちりょう》ポイント

2005年9月10日　第1版第1刷発行
2010年8月20日　第1版第2刷発行

著　者　平井孝男

発行者　矢部敬一

発行所　株式会社 創元社

本社　大阪市中央区淡路町4-3-6
電話06-6231-9010(代) ファクス06-6233-3111
東京支店　東京都新宿区神楽坂4-3煉瓦塔ビル
電話03-3269-1051(代)
URL http//www.sogensha.co.jp/

印　刷　株式会社 太洋社

ISBN978-4-422-11340-1